“強小パワー”で鳥取の未来を切り開く!

鳥取《Tottori》の注目15社

遠藤彰
株式会社BEANS
代表取締役

ダイヤモンド社

はじめに

「人口の一番小さい県」鳥取。

鳥取県の小学生が社会科の時間、必ず向き合う現実です。何となく都会とは違うなと思いながらデータとして突き付けられると、なんだかさみしい思いをしたものでした。

しかし、小さいことが本当に悪いことなのでしょうか？

たしかに、人口が多いほうが経済原理からすれば、優位であることは間違いありません。私も東京にあこがれ、学生時代を東京で過ごしました。その後も、仕事の関係で東京に赴くことがありますが、都会にいると言い知れぬ孤独を感じることがあります。

一方で、地元では人と人のつながり「絆」が非常に強いと感じます。何か事業を起こそうとしたときでも、何か地域のための活動しようとしたときでも、すぐに仲間が集まり、知恵を貸してくれる人がそこにはいます。

地域に暮らすわれわれが感じることは、小さいからこそ一人ひとりの存在感が重いことです。それは、責任感でもあり、やりがいでもあります。〝普通の人〟でも、何か想いがあり、何かに貢献したいという想いがあれば、それを実現することができるのです。

私自身も22年間の金融機関での経験をもとに、地域において経営者を育成する事業にチャレンジすることができました。また、地元を愛する仲間とともにNPO法人喜八プロジェクトを立ち上げ、〝まちを元気〟にする活動を展開しています。

キーワードは、「DARAZ精神」。何でも真っ先に飛びついて、突拍子もないことをするがどこか憎めない人のことです。既成概念にとらわれずに自分の価値観に従って、自分らしく生きることが元気につながるのではないかと思っています。

本書の特別枠として紹介するSC鳥取は、地元を元気にする代表企業です。塚野真樹社長は、もとJリーガーのスポーツマンなのですが、彼もDARAZ精神旺盛な経営者です。多くの人が「人口の一番少ない鳥取県でプロサッカーチームなどできるはずがない」と言うなか、「ガイナーレ鳥取」をJリーグに昇格させ、夢の実現のためにクラブ所有のスタジアム「YAJINスタジアム」を造り上げました。彼らの掲げるテーマが「強小(強さと小ささの魅力の融合)」。人口最少県である鳥取ならではの人とのつながり、機動力・結束力を武器に、小さくとも強いプロスポーツ組織を目指しています。

今回、取材させていただいたことで、日本一小さい市場のなかでも、ユニークな発想で社会に貢献しながら事業基盤を築いている会社がたくさんあることを改めて実感しました。まさに、〝小ささ〟を個性として、強みとして、とらえる発想が鳥取の未来を創るのだと確信しました。また、地方創生が叫ばれる今、地域のあり方の先進事例が、ここにあるのではないかと感じております。

株式会社BEANS　代表取締役　遠藤彰

鳥取の注目15社　目次

はじめに 3

巻頭スペシャルインタビュー 鳥取県知事 平井伸治氏
やりがいも一人ひとりの役割も大きいのが鳥取県の魅力 14

第1章
世界を見据えた鳥取の注目企業 23

旅館・ホテル
皆生《かいけ》グランドホテル 24
インバウンドとインターネット予約で外国人客、個人客が急増。
新しい時代の宿泊業のあり方を探り続ける

情報通信
サテライトコミュニケーションズネットワーク 36
通信技術を駆使して全国の地域情報や緊急情報を一括収集・加工。
そして、再び全国へ配信

エネルギー・食品・自動車
山陰酸素グループ　48
エネルギー供給で山陰の産業と生活を支え、
強力な物流と販売網で山陰の品々を全国、そして世界へ

廃棄物処理・地質浄化ほか
三光《さんこう》ホールディングス　60
産業廃棄物をくまなく資源・エネルギーに。
地球レベルの環境問題解決を目指す

第2章
人づくりにこだわる鳥取の注目企業　73

システム開発・ソリューションベンダー
アクシス　74
鳥取を拠点に全国規模の事業を展開。
鳥取の人材を積極的に採用育成しながら、地元とともに成長を目指す

教育
鶏鳴《けいめい》学園　86
「探究型学習」で、自ら考え世界の課題を解決していく生徒たち。
青翔開智中学校・高等学校

自動車教習所
米子自動車学校　98
根底にあるのは、人づくりと地域貢献の精神。
地元を大切にする自動車学校

Column
サッカーの力で、鳥取を強い絆の一つの家族に　110
SC鳥取　塚野真樹・岡野雅行

第3章
地元とともに成長する鳥取の注目企業 119

飲食
ぎんりんグループ(すなば珈琲) 120
逆境を楽しみ、力に変える柔軟さで
誰もがくつろげ、鳥取の温かさが伝わる店を展開

住宅建築・リフォーム
島津組 132
地域にしっかりと寄り添う
建築とくらしのワンストップ相談サービス
「くらしのまん中に、アイがあるclasimazu くらしまず」

情報通信・放送
中海《ちゅうかい》テレビ放送 144
放送・通信事業で〝情報の地産地消〟を、
電力事業で〝エネルギーの地産地消〟を

医療・介護・福祉
養和会 156
医療、介護、福祉の3分野で
地域の人たちの心と体の健康に真摯に向き合う

第4章
地元の暮らしを支え続ける鳥取の注目企業

169

土木・建築
井木組《いぎ》 170
港湾、道路、建築など鳥取のインフラ建設でライフラインを支えつつ、
住宅、マンション建築、リフォームでも地域に貢献

金融
大山《だいせん》日ノ丸証券 182
金融リテラシーの普及活動を通して
地元経済の活性化や鳥取県民の人生をサポート

鳥取県知事　平井伸治氏

〝小さい〟からこそ、できることはたくさん！ やりがいも一人ひとりの役割も大きいのが鳥取県の魅力

就任当初から「小さいからできる」「小さいから勝てる」と数々の改革に取り組み、鳥取県を全国から注目される存在にしてきたのが平井伸治知事だ。移住者を増やし、現在は、若者のUターン、Iターン促進策にも着手している。鳥取の魅力と潜在力をいかに引き出したのか？　鳥取で生きようしている人に伝えたいこととは？

平井伸治（ひらい・しんじ）
1961年東京都神田生まれ。1984年東京大学法学部卒業後、自治省（現総務省）に入省。本省勤務、兵庫県、福井県へ出向、カリフォルニア大学バークレー校で政府制度研究所客員研究員、自治体国際化協会ニューヨーク事務所長など経て、1999年に鳥取県庁へ出向。鳥取県総務部長を勤め、2001年に鳥取県副知事、2007年に立候補して鳥取県知事に。2018年現在、3期目。

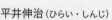

「全国初」「日本一」の取り組みで移住者はV字回復 小さいからこそ何でもすぐに始められる

――鳥取県は、全国で最も人口が少ない県として知られています。しかし、本書には驚くべき企業がたくさん登場します。就任当初から「小さいからできる」「小さいから勝てる」と強調されてきたのが平井知事ですね。

私が知事に就任した2007年、鳥取県の人口はついに60万人を割りました。「60万人」というのが県民の共通認識でしたから、割り込んだことはものすごいショックでした。

そういったことも影響していたと思います。雇用や産業を立て直したいと全国から企業をお誘いするのですが、みなさん口には出さなくても、なんで鳥取なんかに？　と顔に書いてある。それで私は発想を180度転換して「小さいこと」「ない」ことを武器にすることにしました。

鳥取は、たしかに人は少ないけれど、その代わり空き家は多くあります。たとえば、移住対策として空き家の水回りを改善して住みやすくしたり、お試しで移住できるようにしたり、あらゆることをしましたが、そのなかの一つが「保育料の無償化」でした。

県内でも先駆けて行ったのが若桜町《わかさ》※です。初年度の予算は900万円、そのうち県が半額を負担しました。つまり、町にとっては450万円で「保育料無償化」を実現できたわけです。こんなことができるのは、鳥取県が「小さいから」です。事実、若桜町ではすぐに効果が上が

※「中山間地域市町村保育料無償化等モデル事業」

り、町外からの転入者が増えました。

県でもその後、少人数学級を全学年で行ったり、医療費の助成を高校3年生までに延ばすなど、「子育て王国とっとり」を旗印に支援対象を次々と打ち出したところ、移住者はどんどん増えていきました。現在は、年間2000人を超える方が県外から移り住んできます。しかも若い方が多い。

最近も、在宅で子育てされている方のために支援金を出すことにしました。これも全国初です。小さいからこそできることは、たくさんあるのです。

――どこもやっていない、「全国初」、「日本一」という政策に躊躇なくどんどん取り組み、それが成功している。そのような精神は鳥取の企業も同様のようですね。

今では全国的にも知られるようになったのが、智頭《ちづ》町の「森のようちえん」です。園舎もなくカリキュラムもないため、文部科学省からは幼稚園として認められず、厚生労働省からは保育園として認められません。

しかし、森の中で子どもたちがやりたいことを自分たちで決めて毎日を過ごす。思いっきり遊び、火をおこしてご飯を炊いたり、刃物の使い方を教えてもらって料理もする。そんな保育・幼児教育に惹かれて、町外・県外から人が集まり、シンガポールから移住してきた人もいます。

じつは、「森のようちえん」を始めた西村早栄子《さえこ》さんは、鳥取県の職員でした。智頭町に移り住んでから「森のようちえん」を創りたいと考え、ある日「県庁を辞めます」と言いにこられました。で、私たちは「考え直せよ」なんていうことはいっさい言わず、「いいじゃないか、どんどんやってください！」って応援することにしたのです。

そういった例は、ほかにもたくさんあります。たとえば、２０２０年の東京オリンピック・パラリンピックに向けて、全国で導入が進んでいるのがユニバーサルデザインのタクシーです。鳥取県でも日本財団と鳥取県ハイヤータクシー協会と協力して導入することにしたのですが、「どうせなら思い切って入れちゃいましょう」と、２００台導入したところ、小型タクシーの半分がユニバーサルデザインになりました。なぜなら、県内の小型タクシーは全部で４００台なので、２００台導入すれば5割になるんですね（笑）。

小規模だからあっという間に変えられる。いっ

園舎を持たない「森のようちえん」に子どもを入れたいと、国内だけでなく海外からも鳥取へ移住してくる人もいる。

ぺんに地図を塗り換えられるのです。お年寄りにも車椅子の方にも利用しやすい。障がい者の方にもベビーカーを利用する方にも、もちろん大きな荷物を抱えた外国人の旅行者の方にとっても移動しやすくなるでしょう。

あと、「どんどんやってください！」ということで忘れられないのが「すなば珈琲」さんですね。

「スタバはないけど砂場はある」発言の真相 じつは他にもたくさんしゃべったのに……

――平井知事の「鳥取にはスタバはないけど、日本一のすなばはある」というダジャレがきっかけで生まれたお店は、ずいぶん有名になりました。

じつはあの店、私はオープンするまでまったく知らなかったんです。

たしかに、きっかけは2012年の私のインタビューでした。お隣の島根県でスターバックスが出店して、いよいよスタバのない県が鳥取県ただ一つになってしまう。そこでテレビ局が取材にいらしたのですが、私は「スタバはないけどドトールはある」とか、「鳥取には素晴らしいバリスタがいて東京の代官山にお店を出している」とか、「楽天でコーヒーが一番売れているのは鳥取のお店」とかいろいろ言ったものの、すべてカット！「日本一のすなば」だけが取り上げられたのです（笑）。

それから数日後、朝刊に目を通すと「すなば珈琲開店！」とあるじゃないですか。ビックリしましたよ。でも、こうなったら何でも乗っかってビジネスをしていただきたい。「どんどんやってください！」と、その日の昼休みにお店に顔を出すと、オーナーとコーヒーで乾杯して、「打倒——、スタアア、バアアアックス！」なーんてやってきました。もちろん冗談ですが（笑）。

鳥取県民は控えめとかおとなしいとか言われますが、一面、このようにとにかく決断すると始めるのが早い。小さいから小回りが効く、スピード感が抜群ということですね。そしてそんな鳥取に惹かれて、県外からどんどん人が流入してきています。たしかに、東京や大阪と比べれば給料は低いでしょう。しかし、専門家に調べてもらったところ驚くべき結果が出ました。都会と比べると収入は低いのですが、退職後の貯金は鳥取のほうが

小さいから小回りが効く、
スピード感が抜群ということですね。
そしてそんな鳥取に惹かれて、
県外からどんどん人が流入してきています。

多いのです。

コストが全然違います。まず住宅にかけるお金が安い。鳥取では広く快適な住宅を安く手に入れることができます。教育費も違います。日々の食費だって安い。物々交換で手に入れるからお米を買ったことがない、という人がいるくらいです。都会では考えられないことですよね。

一人に任される仕事の範囲は広くて大変でも、やりがいは格別に大きい

――移住者が増えてきた反面、鳥取から出て行く人は相変わらず数多くいます。とくに、子どもたちは大学進学などで県外へ出て、そのまま就職して戻ってこないんですね。


それは鳥取県にとって最大の課題ですね。

そこで今回導入したのが、奨学金の返還助成制度です。鳥取県出身の人はもちろん、ほかの都道府県出身の人でも、鳥取で就職すると奨学金の半額または4分の1を助成します。業界から1割、残り9割を県で拠出して、全国で初めて大々的に導入しました。

有償型のインターンシップ制度も開始しました。鳥取県内の大学の学生さんも県外の学生さんも、鳥取県の企業のインターンシップに参加すれば給料が出ます。

普通、インターンシップは無償のところが多いですよね。でもこの制度は有償なので負担な

く、その会社ではどのような仕事をしているのか、どのような人たちががんばっているのかをよく知ることができます。もちろん、長期間鳥取に滞在すれば、暮らしも体験できるでしょう。交通費の助成もあります。県内企業のインターンシップに参加しようとしても、東京や大阪から来るのでは負担が大きい。そういう人のための助成です。どんどん活用していただければと思います。

国のハローワークはよく知られていると思いますが、県でもハローワークを作りました。県内に5カ所開設したほか、鳥取県の東京本部と関西本部内にも設けました。そこでは移住の相談もできますので、合わせてご利用いただければと思います。県庁でもそうですが、少数でやっているため、ひとり当たりの仕事の範囲はとても広いです。しかし、大きな仕事を任され、やり遂げたときのやりがいは格別です。

繰り返しになりますが、規模が小さいからこそ、逆にできることはたくさんあると思います。小さいからこそ、自分の存在や役割は大きくなります。

こんな鳥取県に、人生をかけてみるのもいいのではないでしょうか？

県立ハローワークは鳥取県内5カ所のほか、東京と大阪にも設置。奨学金返還免除やインターンシップなど就職や移住支援の制度が充実する。

第1章

世界を見据えた鳥取の注目企業

株式会社 皆生グランドホテル

株式会社 サテライトコミュニケーションズネットワーク

山陰酸素グループ

三光ホールディングス 株式会社

旅館・ホテル

株式会社 皆生グランドホテル

インバウンドとインターネット予約で外国人客、個人客が急増。新しい時代の宿泊業のあり方を探り続ける

ホテルの前に広がる弓ヶ浜の美しさは格別。「日本の夕陽・朝日100選」に選ばれている。

設立／1967年

事業内容／宿泊、食事、宴会など

資本金／5000万円

従業員数／180人（正社員、契約社員、パート含む）

所在地／〒683-0001 鳥取県米子市皆生温泉4-18-45

TEL ／0859-33-3531（皆生グランドホテル天水）

鳥取県内で最も人気のある温泉地の最大の宿泊施設として

米子市の北西、日本海に面して西隣の境港市まで通じる、なだらかな砂浜が弓ヶ浜半島だ。文字通り、弓のような弧を描く美しい白砂の海岸線が続くところだが、その付け根部分、米子市の市街地に近い沿岸に位置するのが皆生《かいけ》温泉である。

明治時代に温泉が発見されて以降、温泉街が発展し、現在、年間の入湯客数は40万人を超える。鳥取県内の温泉のなかでは最も多くの人が訪れるところだ。

歩いて回れる範囲に旅館やホテル、飲食店などが集まり、街を形成している。宿泊だけでなく、足湯で疲れを癒やしたり、風景を楽しむためにブラリと訪れたり、夏になれば海水浴客で海岸が賑わうなど、人々の憩い場となっている。

県内からはもちろん、関西・関東方面からも訪れる人は多く、最近では韓国や台湾からの観光客も増えた。

「目の前に海が広がり、東に目を移せば美保湾越しに大山《だいせん》の姿を見ることもできます。日中はもちろん、朝日が昇る明け方や、日が沈む夕方の風景がたまらなくきれいです。季節によって朝日は海から昇ったり、大山から昇ったり……。食べ物もおいしくて、一年中、楽しめるのが皆生温泉です」

この土地の魅力をしみじみと語るのは、皆生グランドホテルの代表取締役の伊坂明氏だ。伊坂社長の言うように、皆生温泉は「日本の夕陽・朝日100選」に選ばれるほど、風景の美しさは折り紙付きだ。また弓ヶ浜半島そのものも「日本の渚百選」や「日本の白砂青松100選」に選ばれている。

20ほどの旅館やホテルが集まる皆生温泉だが、なかでも最大規模を誇るのが皆生グランドホテルだ。皆生グランドホテル天水とすぐ隣の姉妹館・華水亭の2棟を合わせて部屋数は約180室、収容人数は850名と、県内ではもちろん、山陰地方で最大規模を誇る。

皆生グランドホテルの伊坂明社長。伝統を守りつつ、激変する環境に"地域が一体となって変革を"と訴える。

自然や食の魅力だけでなく「体験」できるコンテンツで新しい顧客を開拓

皆生グランドホテルの創業は今から約50年前、1967年のことだ。

「(1964年の) 東京オリンピックが終わり、(1970年には) 大阪で万博が開かれようとしていたときでした。団体旅行がどんどん伸びて、私も子どもの頃に何十台もの観光バスが訪れていたことを記憶しています」(伊坂社長)

皆生グランドホテルの開業当初は39室から出発したが、すぐにそれでは足りなくなり、増改築を繰り返すことになった。当時から観光客をもてなすサービス精神は旺盛で数々のイベントを企画し、１９７４年にはレストランシアターを新設して華やかなショーを繰り広げたり、サパークラブや若者向けのディスコなども立ち上げ、宿泊客だけでなく市民の社交の場として親しまれた。

その後も団体旅行ブームは続いたが、１９８０年代になって目立ってきたのが個人旅行だ。皆生グランドホテルがその機を見逃さずに建てたのが姉妹館の華水亭だった。１９８９年、皆生グランドホテルのすぐ隣の土地に高級和風旅館としてオープンした。

その直前に自家温泉を掘り当てたこともあり、華水亭では２００２年に展望大浴場や露天風呂付きの客室を備えるなど、より上質のサービスの提供を目指していく。その経営努力が実を結び、皆生グランドホテルとともに温泉と料理、もてなしが高く評価されることになった。ちなみに皆生グランドホテルはその後、皆生グランドホテル天水と名を改めている。

「創業した祖父の時代も、2代目の父の時代も、当社はずっと攻めの経営でした。その結果、造ったのが華水亭だったんです。しかし、その後、バブル崩壊で勢いは失われ、米子自動車道路の開通などのインフラ整備で盛り返す機運はあったのですが、境港市で開催された『山陰・夢みなと博覧会』の年（１９９７年）をピークに、その後、客数は減少に転じました」（伊坂社長）

東京の大学を出てシステムエンジニアとして働いていた伊坂氏が、故郷に戻ったのがその2

創業当時は団体旅行真っ盛りの時代。列をなして訪れる大型バスの観光客をスタッフが出迎えた。

年後、１９９９年のことだ。東京の企業は軒並みバブル崩壊の影響を受け、不振にあえいでいた。故郷の鳥取でも同様と覚悟を決めて帰郷したものの、思ったほど大きな落ち込みではなかったようだ。

だが、翌２０００年10月、厳しい現実に直面することになる。米子市の南20キロを震源地に、マグニチュード７・３、最大震度6強という鳥取県西部地震が起きたのだ。鳥取県としては経験のないほどの大きな揺れだったが、幸い死者もなく皆生温泉の被害も軽微で済んだ。

「しかし、皆生温泉では『開湯１００周年』を控えて、数々のイベントが予定されていたときでした。式典のリハーサル中に地震が起きたことで式典は中止になり、宿泊の予約も一気にキャンセルされてしまいました。その後も２、３年にわたって厳しい時代が続きました」（伊坂社長）

当初はシステムエンジニアとしての経験を生かし、インターネットで予約ができるようにホームページを作ったり、もっぱら人手に頼っていたホテルの仕事をシステム化することに取り組んでいた伊坂氏だったが、ホテル全体の行く末に関心を持たざるを得なくなった。

〝自然〟と〝食〟に恵まれていた皆生温泉だが、さらなる魅力をプラスしたいという思いから、〝体験〟できるツアーを考え始めたのがこの頃だ。地域の旅館・ホテルが協力してシーカヤックの体験コースを作れば、新しい顧客を開拓できるのではとのアイデアから、皆生温泉旅館組合の青年部で話し合い、みんなでシーカヤックのインストラクターの免許を取得することにしたのだ。

皆生温泉には、県内からはもちろん山陰・関西方面からも多くの顧客が訪れていたが、エリアを関東にまで広げようと、東京の大手旅行会社と協力して皆生温泉への旅行ツアーを企画するなどの模索も始めた。

“体験”型ツアーとして企画したのがシーカヤック。海で汗を流し、温泉で疲れを癒す企画が人気だ。

現在、シーカヤック体験は、地域の旅館・ホテルが協力して作ったKRCA（皆生レクリエーショナルカヌー協会）が主催し、そこで広く顧客を募り、参加者に無料の日帰り温泉入湯券を提供するなどして、皆生温泉に親しんでもらおうとしている。宿泊目当てではない、シーカヤックを入り口にした新しい顧客が増えてきたわけだ。また、関東方面の顧客の開拓も成功し、現在、全体の2割を占めるほどになっている。

社長就任時に宣言した「三つの価値」に込められた「地域」への思い

伊坂氏が3代目の社長に就任したのが2012年のことだ。かねてから大切にしていた「喜んでもらう喜び」——お客さまに喜んでもらうことを、自分たちの喜びにしよう、という社訓に加え、経営の基本として「三つの価値」を高めることを宣言した。時代は大きく変わろうとしており、それに向かう姿勢を表すものだった。

「一つが『旅館の価値』。お客さまにご満足いただけるよう、料理、おもてなし、もちろん施設の改善も含めて、旅館としての価値を高めていく。経営側からのトップダウンではなく、社員からのボトムアップを実践するようにしました。もう一つが『企業の価値』。家業としてのよさを引き継ぎつつ、しっかりとした経営基盤を作って地元に納税し、雇用も確保する。安定した雇用により、一所懸命がんばってくれるスタッフやその家族の幸せを守ることで地域貢献を果たす。そして三つ目が『地域の価値』。すでに一軒一軒ががんばっても限界があることはどの旅館やホテルも認識していました。皆生温泉全体、あるいは鳥取全体としてブランド化を図り、全国、さらに全世界のみなさんに広く知っていただく。地域そのものの価値を高めて、ここを訪れていただく方を増やしていく、ということです」(伊坂社長)

基本的な「旅館の価値」を追求することはもちろんだが、「企業の価値」として地域貢献を謳《うた》い、「地域の価値」として皆生温泉全体での取り組みを明確に打ち出した。旅館・ホテルばかりでなく、市や県などの自治体、地元の経済界と連携して〝街づくり〟に取り組んでいく姿勢を明白にした。

すでにシーカヤック体験のために地域全体でＫＲＣＡを作ったり、皆生温泉トータルとしてＰＲに努めて関東方面からの来客を増やしたりなど、地域全体の取り組みで結果が出せる実績は上げていた。

２００８年からも、すでにもう一つの企画が進んでいた。オリジナルの酒造りだ。

「もともとは、田植えや稲刈り、お酒の仕込みを体験してもらおうという（皆生温泉の）プログラムです。ここから車で40～50分のところの伯耆《ほうき》町で農業体験をしてもらい、皆生温泉に帰ってきて、温泉でのんびりと疲れを癒やし、おいしい料理も食べていただく」（伊坂社長）

伯耆町の福岡地区は住人が50人という限界集落である。その農家とともに農作業を行い、収穫後は境港の酒造会社で酒造りの体験もする。こうして1年がかりでできるのが純米大吟醸「源流あられ酒 海に降る雪 上代」だ。発泡性の強い〝にごり酒〟でアルコール純度は18度。２０１７年分（発売は２０１８年2月から）は５００ミリリットル入が２５００本、２７０ミリリットル入の小瓶を１０００本、計３５００本製造した。皆生温泉の各旅館やホテル、皆生温泉旅館組合直営の「皆生横丁きないや」、米子市内の一部の酒店で販売されている。

「限界集落なので人手はもともと足りず、作業できる日は限定されてしまいます。それに加えて天候の条件が揃うとなると直前にならなければ予定を組めず、なかなか広く参加者を募集で

伯耆町福岡地区の農家と毎年行っているのがオリジナルの酒造り。酒米の栽培や酒の仕込みが体験できる。

きないのが悩みですね。造るお酒ももっと増やせばいいんじゃないかという声もあるんですが、目的はあくまで体験、ということで続けています」（伊坂社長）

町おこし、街づくりへと一歩踏み出した企画だ。

地域の人々があらゆる知恵を出し合い、街全体の魅力を高める

２０１８年の「大山開山１３００年祭」を迎えるにあたって、山麓の自治体や団体では早くから準備してきたが、なかでも地域の旅館やホテル、飲食店が取り組んで来たのが「名物料理づくり」だ。

春夏版は山菜、イカ、境港の本マグロ、鳥取和牛などを、秋冬版はカニ、猪、鰆など県内で収穫される旬の食材を用い、オリジナルの料理を考案する。２０１７年初頭から準備を始め、春夏版14品、秋冬版13品、全部で27品が出揃った。

皆生グランドホテル天水でも、春夏版として「大山牛骨そば」を、秋冬版として「鳥取和牛ステーキあごだし茶漬け」を提供。また華水亭でも、春夏版として「鳥取和牛大山ロール寿司」

を、秋冬版として「赤水、鰆、生海苔つゆしゃぶ鍋」を作り、春夏版は2018年の4～9月に、秋冬版は11月から翌2019年年3月まで提供する。

あらゆる機会を用いて地域全体での取り組みを進めている皆生温泉だが、本業である旅館やホテルの宿泊そのものの企画にも、工夫が求められている。一つはインバウンドによる外国人客が増えたため、もう一つはその外国人がインターネットで予約するケースが増えたことから、外国人の個人旅行客が急速に増え始めてきたためだ。

かつての外国人観光客といえば団体旅行と決まっていたが、今では家族連れや夫婦連れ、カップル、個人による宿泊と傾向はバラバラ、しかも求めることがまるで異なる。旅館を通して日本の伝統に触れたいと、従来通りの宿泊と夕食・朝食をしっかり食べたいという人もいれば、宿泊だけして食事は街へ繰り出したいという人もいる。そこで皆生グランドホテルではインターネットのプランとして、1泊朝食のみや素泊まりプランを用意した。

多様で柔軟なプランを求めるのは外国人観光客ばかりではない。宿泊は不要で食事だけを皆生グランドホテルでとりたい。そんな人も増えてきた。最近も学会のため大勢の関係者が米子を訪れたが、宿泊はJR米子駅付近のホテルに散らばり、宴会だけは皆生グランドホテルに集まって、みんなでおいしいものを食べたいというので、柔軟に対応した。

「旅館としての当社の仕事は変わらないでしょうが、サービスの内容やプランなどは時代に合わせて大胆に変えていく必要があるでしょう。2002年から夕食のバイキングを始めました。

ホテルの自慢の一つが自家温泉による露天風呂や展望大浴場だ。美保湾の風景を満喫しながらゆっくりくつろぐことができる。

当初は誰も利用しないと言われたものですが、今では大人気です。今後、さらに外国人客が増えていけば、宗教上の制約のある食事を用意したり、アレルギーを考慮して一人ひとり違う食事を作る必要も出てくるかもしれません」（伊坂社長）

境港には週に一度、ロシアのウラジオストクとの定期船が運航している。ウラジオストクはユーラシア大陸を横断するシベリア鉄道のターミナルで、そこから最も安く日本に渡れるルートだ。今のところバックパッカーが多いため、皆生グランドホテルの直接のターゲットにはなっていないが、いずれは視野に入れなければとも考えている。

時代は動いている。

「何か新しいことをやろうとすれば必ず壁にぶち当たります。以前ならそこで諦めていたかもしれませんが、もうそんなことは言っていられない。〝できない理由〟をあげるのはやめよう！　何か方法があるはずだ。今は街のみんなでそう考えるようにしています。そういう態度で挑まなければ何も解決しませんからね」（伊坂社長）

宿泊業として、顧客の満足を追求することは当然のこと。チェックインからチェックアウトまで、来館したお客さまが気持ちよく過ごしていただくためにできる限りのことをする。その上で、今求められているのは、旅館業・ホテル業の枠にとらわれず、地域全体で来街者を満足させる自由な発想を持てる人材、そして、それを粘り強く実行していける人材だ。

「気配りができるホスピタリティーの精神を持ち、かつ、ひとりで二役も三役もこなせる実行力を持つ人が理想です」（伊坂社長）

皆生温泉の客数や売上は、現在、ピーク時の6割程度。現実は厳しく、立ちはだかる壁は数限りない。だが、厳しい時代だからこそ、個々の旅館やホテルは、街全体のために知恵を絞り、ありとあらゆる可能性を探り始めている。これまで不可能、とても無理と思われていたアイディアや企画も実現していくだろう。

それだけの覚悟と意気込みが、皆生温泉を新しい時代へ導こうとしている。

情報通信

株式会社
サテライトコミュニケーションズネットワーク

通信技術を駆使して全国の地域情報や緊急情報を一括収集・加工。そして、再び全国へ配信

全国120局のケーブルテレビ局に配信した情報は、映像センターのスタッフが24時間体制で見守っている。

設立／1993年

事業内容／コミネットサービス、映像制作サービス、衛星通信サービスなど

資本金／1億円

従業員数／34人（パート含む）

所在地／〒683-0801 鳥取県米子市新開2丁目1-7

TEL ／0859-32-6103

全国120局のケーブルテレビを見守る映像センター

米子市内のサテライトコミュニケーションズネットワーク（以下、ＳＣＮ）を訪れると、まず驚くのが、２階の映像センターの光景だろう。

オフィスの前面に置かれているのは何台もの大型ディスプレイだ。それぞれが縦横細かく分けられ、その一つひとつに映像が映し出されている。手前のデスクでは、スタッフたちがそれらを凝視し、時折、手元の書類やコンピュータのディスプレイと見比べている。

「コミネットを利用している全国約１２０局のケーブルテレビの放送画面です。ほら、今ちょうど『緊急事案が発生し……』と流れているでしょ。ウチから発信した情報です。こっちの画面には『道路情報』が……。これらがキチンと流れているのか、ここで見守っているんです」

前面の大型ディスプレイを指しながらそう語るのは、ＳＣＮの社長・髙橋孝之氏だ。

コミネットとは、天気情報や緊急情報など、生活に欠かせない情報を行政機関などから取得し、全国のケーブルテレビ局に配信するサービスだ。地震や台風、火災、津波などの災害情報、道路の混み具合を知らせる交通情報、電車の事故や遅れを伝える運行情報などなど、多様な情報を扱う。

地震が起きたとき、テレビ画面の上や下に震度を示したテロップが流れるのを見たことがある人は多いはずだ。放送している番組の画面が小さくなり、その横や上下にできたスペースに

米子市内に本社を構えるSCNでは、日本全国の天気情報、災害情報、交通情報などを収集・加工して、再び全国へ配信している。

詳しい情報が出てくることもある。ＳＣＮでは、それらの元となる情報＝ソースを全国規模で集め、ここ鳥取県米子市で収集・整理・加工し、再び全国に向けて配信している。

求められる情報や配信の形は、全国のケーブルテレビ局によって異なる。何百にも及ぶソースのなかから必要なものを選び、配信設定を行う。天気情報などは一日に何度も流すことが多く、時間によってレイアウトを変えることも求められる。

これらの配信設定やレイアウトをあらかじめプログラムしておき、本来の番組に合成して流す。ハードとソフトが一体化した専用の放送機器を通して、これらを自動的に行うところが特徴だ。コミネットのスタッフたちの手元には配信のスケジュール表があり、パソコンのディスプレイにはソースが映し出されている。それらと大型ディスプレイに映し出された全国のケーブルテレビ局の画面を見比べ、正しいタイミングで配信されているか、適切なレイアウトになっているかを、確認しているわけだ。

全国で発表された情報を鳥取で収集し、仙台に配信

さらに驚くべきことは、これら全国規模の情報収集と再配信を、ここ鳥取県米子市で行っていることだろう。なぜ、鳥取なのか？　東京ではないのか？

「みなさん、そうおっしゃいます。でも、私は逆に聞きたいんです。なぜ、東京なのか？と」(髙橋社長)

その答えは、次の事例で理解できるだろう。

コミネットの威力がいかんなく発揮されたのが、2011年3月の東日本大震災のときだった。地震の直後から、仙台のケーブルテレビ局が震度情報をテロップで流したのだが、「地震が起きた際、震源や震度などの情報は気象庁が発表します。それをわれわれが収集し、必要な情報を整理し、仙台に配信したんです」(髙橋社長)

東北で起きた地震の情報はまず東京で発表され、それをSCNが収集・加工したあと、仙台へ配信したのだ。震災の被害は東北ばかりでなく、関東圏へも及んだ。被災地から遠く離れた鳥取県米子市に拠点があったから、可能だった仕事といえるだろう。

このときの実績が評価され、震災が起きて数日後からSCNは「仙台市役所のバックアップセンター」(髙橋社長)の機能を果たすようになった。被害情報、安否情報、食料をはじめとする支援情報……。市役所に入ってくる膨大な情報を整理・加工し、再配信した。震災直後の

髙橋孝之社長。「逆に聞きたい。なぜ東京なのか？　東京の一極集中はおかしい。米子だからできることがある、可能性がある」

大混乱のとき、現地に必要な生活情報や地域情報を提供し、被災者の方々の暮らしを回復させることに貢献したのだ。

通信技術を活用した、地方からの情報発信に挑戦

インターネットなどの通信技術の発達で、国内ばかりでなく、世界中どこからでも情報を取得し、どこへでも送ることが可能になった。コミネットは、その利点に早くから気づいたことが功を奏した事業といえそうだが、そもそも髙橋社長が最初に試みたのは、通信衛星を活用した全国配信の仕組みだった。

１９９０年代に入り、通信衛星を使ったＣＳ放送が開始されることになったが、この技術が映像や番組をリアルタイムに全国の複数拠点に一斉伝送できることに目を付けたのだ。会社を設立し、衛星中継車と衛星回線を手配して、鳥取から全国に向けて番組の生中継を行った。

その経験から次に考えたのが、鳥取県米子市から全国で３５０にも及ぶケーブルテレビ局で制作される番組を集め、全国に再配信する構想だった。番組そのものを全国規模で交換し合お

うというわけだ。

構想は1990年代後半から具体化し、2000年代に入ってから本格的に事業をスタートさせた。当時は現在ほどインターネットが発達しているわけではなく、番組の収集はビデオテープに収められたものを配送してもらい、それをSCNで編集、再配信は通信衛星を用いて行うことにしていた。

通信衛星の回線を借り、受信するためのチューナーも用意して、配信先として予定していた約140の全国のケーブルテレビ局にも配置した。そして、定期的に鳥取県米子市の地球局より通信衛星経由で番組を配信する事業を開始した。

全国のケーブルテレビが自主放送チャンネルで自由に使用する番組を配信する、新しい形の番組流通市場を創ろうとしたが、実際には、通信衛星の回線費用などのコストと配信を行うスポンサーの収入や売上が見合わなかった。夢見たコンテンツ流通事業は再考を余儀なくされた。

地域情報と緊急情報に特化したコミネットが成功、唯一無二のサービスで市場開拓

2005年から始めたのがコミネットだ。全国から情報を集め、全国に再配信するという流れは、番組配信事業と似ているものの、扱う情報は地域情報や緊急情報に絞り込んだ。

初めは米子市の消防局がインターネットのホームページに発表する火災情報を収集し、地元

ケーブルテレビである中海テレビ放送に配信し、自動的に放送画面にテロップを流した。「住民は、消防車のサイレンを聞いて、テレビを見ると、火災発生場所がわかるようになり、非常に好評でした」（髙橋社長）

米子市という限られた範囲で行ったことがよかったようだ。「〇〇町で火事発生」という簡単な情報が、誰にとっても身近に感じられた。サイレンの音を耳にした人ならばなおさらである。「自分の街」の出来事に誰もが関心を示してくれた。

それならば全国どこでも同じだろう。日本全国に普及したインターネットの恩恵を受け、ICTを最大限に利活用することで、距離と時間を克服し、SCNは全国に展開していった。気象庁からは、全国の天気情報や災害情報が手に入る。それを入手していったん米子で整理・加工し、必要なところに再配信すればよい。

現在のコミネットの原型ができると、神奈川、滋賀などで実績を作り、徐々に全国へ広げていった。扱う情報も火災だけでなく、天気、台風、地震、道路、鉄道、ニュースと、次々に増やしていった。

「同じものを作っていても通用しません。どこへでも一律の情報を送りつけるのではなく、何百とある情報のなかから、各地の事情に合わせた情報を選び出し、それをプログラミングして配信できる仕組みを作りました。各局へまったく違う情報を独自の形で届けていることで、ビジネスが成り立っています」（髙橋社長）

地震の場合、震度やマグニチュードはどの局でも必要だが、震度1は不要、2からで十分と考えるところもある。沿岸部では津波情報は欠かせない。地域によっては火山情報が重要になるケースもある。

全国に先駆けて取り組んできたことで、豊富なソースが揃っていることが何よりの強みだ。コミネットを利用するケーブルテレビ局にとっては選択する幅が広く、レイアウトなど見せ方のノウハウの蓄積もある。

コミネットでは、選んだ情報をプログラミングして自動的に配信する専用の受信機器を開発した。ハード、ソフトの両面で特別なノウハウを持てば競合を突き放すことができる。

「ケーブルテレビ局は一般に人手不足。できるだけ自動化すればそれだけでありがたい。天気予報画像も配信し、各種情報を自動的に組み合わせて放送できるようにしています」（髙橋社長）

コミネットを利用するケーブルテレビ局の放送は、一括して、SCNで24時間監視するようにもした。万が一、どこかのテレビ局が被災して放送できなくなったとしても、SCNから情報を提供できる体制を取っている。震災時、仙台市役所に協力したように、今は各ケーブルテレビ局の「バックアップセンター」の役割も果たしている。

みんなが誇りを持てる地域づくり

「全国には自主制作をするケーブルテレビ局が多数あります。しかし、ケーブルテレビが普及しながら、活用し切れていない小さな町や村が全国にはたくさんあります。それらを蘇らせようというのが今のプロジェクトです」（髙橋社長）

新しい試みのモデルケースが地元で進んでいる。鳥取県の西南に位置する日野町は、米子市から南へ自動車で30分ぐらいのところだが、全国の例に漏れず、高齢化、人口減少が激しい。ここで進められているのが、町内の情報をケーブルテレビをはじめ、パソコンやスマートフォンできめ細かく提供していこうという試みだ。

地元の出来事をニュースとして取り上げたり、町議会を生中継したりするなど、より地域に密着した情報提供を行う。日野町役場の会議室の一角にはポータブル収録キットを置いて簡易収録スタジオとし、そこから役場の職員や市民が自ら情報発信する。

町内のいくつかの拠点にもライブカメラを設置してそこから常時、動画を得たり、住民が自分のスマートフォンで撮影した動画も素材として活用したりしていく方針だ。高齢者も含め、住民にスマホ所有者は多い。

日野町から30キロ離れた米子のSCNは「バックアップセンター」ではなく、まさに「放送センター」として機能する。緊急情報や災害情報をコミネットで配信することはもちろん、番

当初は文字が流れるテロップだけだったが、現在は「L字画面」による情報伝達が主流だ。

組制作や独自の企画を通じて、日野町の地域、そこに住む人々に直接働きかけていく。

今後、ＳＣＮが目指すのは「みんなが誇りの持てる地域づくり」だ。子どもから高齢者まで誰もが安心して暮らせるための情報提供を行う。地域の魅力や歴史・文化を見直し、誇れる町のための「地域の理念共有」も実現したい。それによって地域の一体感の醸成を図っていく。

ＩＣＴを通じて、局の運営を省力化するような技術的な試みも行っていく。また、大学の研究機関の専門家と協力し合いながら、この仕組みがどれだけ住民の生活に貢献できているのか、客観的に判断していく計画だ。

本当に必要なのは地方からの発想

コミネットそのものの技術は今も進化している。最初は文字情報だけを流していたが、やがて静止画も合わせて配信するようになった。天気情報に地図が付けば、よ

今後増えていくのが、複数の動画や図、文字情報が同時に目に入る「マルチ画面」だ。

り直感的に理解できる。現在はさらに進み、各地の情報カメラやお天気カメラ、河川カメラなどのいわゆるライブカメラの映像を取り込む「マルチ画面ソリューション」が主流になりつつある。文字情報、静止画に合わせて、ライブカメラも扱い、それら複数を一画面で提供できる。

交通情報ならば、真ん中に道路地図を描き、そこから要所要所の様子を複数のライブカメラで知らせれば、各地の渋滞情報が一目瞭然だ。

台風で大雨になれば、上流から下流までいくつかの拠点に設置した河川カメラの映像が、現実にどれほど水害が差し迫っているのかを伝えてくれる。

地域の催し物やイベントのお知らせも、地図やイラスト、動画を組み合わせてマルチ画面で配信すれば、より楽しい効果的な広告となるだろう。

コミネットの応用はまだまだ考えられる。髙橋社長は、日野町のような町単位での情報の収集・発信もあれば、団地やマンション、病院、学校、企業など、より小さな単位での情報収集と発信が可能だと考えている。それによって、今では薄れてしまった人と人とのつながりを、もう一度、作り直すことができると信じている。

「何もかも東京主導で考え、地方に押し付けるのではなく、必要なのは地方からの発想です。地方から始めなければ」(髙橋社長)

鳥取だからこそ全国規模の事業ができる。――SCNは、それを証明する企業といえそうだ。

エネルギー・食品・自動車

山陰酸素グループ

エネルギー供給で山陰の産業と生活を支え、強力な物流と販売網で山陰の品々を全国、そして世界へ

5年に一度、グループ社員が一堂に会して、地域での役割や存在意義を確認するのが「ビッグジャンボリー」。写真は、2015年9月、松江のくにびきメッセで開催されたときの様子。

設立／1946年

事業内容／エネルギー、食品、自動車

売上高／757億円

従業員数／1700人

所在地／〒683-8516 鳥取県米子市旗ヶ崎2201-1（山陰酸素工業）

TEL ／0859-32-2300

エネルギーから食品、自動車など、多彩な顔を持つグループ企業

鳥取県米子市を本拠地に、県内はもちろん山陰地方全域で、エネルギー、自動車、食品の3つの分野にわたって活動を続けるのが全12社、2組合からなる山陰酸素グループだ。

「戦後の復興需要を支えた代表的な産業が鉄鋼業でした。鉄を作るために不可欠だった酸素を供給することで山陰の産業復興を志し、設立した会社でした」

グループの中核となっているのがエネルギー事業を担う山陰酸素工業だ。その創業の経緯を山陰酸素工業の取締役副社長、並《なび》河《か》元《げん》氏が説明する。

山陰酸素工業・並河元副社長。現在はガスと電気の2つのエネルギー供給で地域の活性化を図る。「鳥取ではまだまだできることがあります」

終戦から1年がたった1946年9月、同社は島根県の松江市で創業した。そのあと、1954年には本社を鳥取県米子市に移し、鳥取県へと事業を広げ、1971年には東京にも事務所を開設。現在、同社では工業用から医療用の各種ガス、家庭向けのLPガスまで、多種多様なガスを供給している。

工場向けに供給しているのが、酸素、窒

創業2周年（1948年）記念当時の山陰酸素工業。鉄鋼業への酸素ガス供給を手始めに、現在は山陰全域で工業用、医療用、家庭用の各ガスを供給している。

素、アルゴン、炭酸ガスなど、燃料や原材料として用いる工業用各種一般高圧ガスや特殊材料ガス。シリンダー――いわゆるガスボンベで供給するほか、需要家の消費量に応じて、適切な供給設備を設計・管理している。また、１日に１００台以上の液化ガスローリー車を手配し、安定供給にも最新の配慮を行っている。タンクの計画から、関連機器の設置、配管の施工まで、設計段階から行い、完成後も運用やメンテナンス、緊急時の対応までカバー。各種ガスを安全に利用してもらうための、ハードからソフトまでを一貫して提供している。

医療分野でも毎日、酸素、窒素、二酸化炭素、笑気ガスなどの各種ガスが使われている。病院などの施設にタンクや設備を設置することはここでも同じだが、ガスの供給が途切れれば人命に関わる。細かく使用状況を把握し、確実に供給することは同社の大事な役割で、残量管理には最大限配慮している。

山陰酸素工業は、一般家庭や小規模事業者にも早くからLPガスを提供し続けてきた。各家庭で途切れることなくガスを使えるように、供給網を整備し、一方ではキッチンのガステーブルコンロをはじめ、風呂、暖房など、快適な生活に不可欠なガス機器の扱いを増やしてきた。小型のＬＰガスローリー車で供給する事業も、全国に先駆けて導入した。

産業、医療、そして一般家庭。時代とともにガスの利用を広げ、地域の産業や暮らしの、文字通り〝エネルギー源〟となってきたのが山陰酸素工業だ。島根・鳥取以外にも拠点を広げ、現在、同社の主要な活動エリアは山陰全域におよぶ。関連する4社合計のエネルギー事業の売上は200億円を超え、山陰ではトップクラスのシェアを誇る。

液体窒素を扱うことから冷食に参入、外食産業の伸びとともに一大事業に

山陰酸素グループのもう一つの主要事業が食品だ。現在、グループ全体の売上の半分以上を占める分野だが、意外なことに、これもガス事業がもとになっている。

「1960年代、アメリカで開発された液体窒素の冷熱（マイナス196度）で食品を急速に凍結する技術を、日本酸素（現在の大陽日酸株式会社）が導入し、マジックフリーザー（ＭＦ）として冷凍装置を売り出したのです。当時から日本酸素と連携が深かった山陰酸素工業もＭＦを販売することとなりました。日本酸素は、ＭＦで作った冷凍食品の普及を目指して冷凍食品メーカー『フレック』を設立し、冷食の製造を開始しました。山陰酸素工業もその冷凍食品を販売し始め、その販売会社を山陰冷食として設立したのが、そもそもの始まりでした」

山陰冷食（現・さんれいフーズ）が設立されたのは1972年だが、当時の社会的な背景を説明してくれるのは、さんれいフーズの常務取締役、畠山広幸氏だ。

マイナス196度の極超低温になる液体窒素は取扱が難しく、造ることも扱うことも可能だったのはガス会社だけだった。が、あえて食品という異分野に参入したのには2つの理由があったという。一つは、全国的に外食産業の需要が伸びており、山陰でも日本酸素の冷凍食品（フレック社製品）を売り出そうとしたこと。もう一つが、山陰冷食自身も工場を建設してMFを導入し、地元山陰の豊富な水産魚介類を冷凍保存し流通させれば、山陰の味を地元はもとより全国に届けられるからである。

「水産品を急速冷凍して最初に納めたのが地域の学校給食でした。また、1970年の大阪万博の前後から急速に増えていったのが外食チェーンです。あらかじめ料理はセントラルキッチンで大量に作り、各店へ届ける。その際に使われたのが冷凍食品でした」（畠山常務）

地元の水産品のなかでも、とくに注目したのが境港で日本一の水揚げを誇る紅ズワイガニだ。冷凍することで新鮮なまま遠距離を運ぶことができる。冷凍技術でまず関西方面の市場を開拓することができた。とくに、殻をむいた「むき身」の製品が人気を呼んで供給量は急増し、国内だけの加工では追いつかず、1987年からは韓国で、1991年からは中国で加工を始めた。供給先も日本全国へと拡大していった。

山陰冷食では水産品の冷凍加工ばかりでなく、調理済みの冷凍食品の開発も進めた。紅ズワイガニのほぐし身を用いたカニクリームコロッケは大ヒットしたが、半世紀がたつ現在も、ロングセラーとして同社にとって欠かせない製品となっている。

食品をいかに鮮度よく保ちつつ、遠隔地まで運んでいくか――。冷食技術の発展とともに、製品を運ぶための物流網の整備やその技術開発も進んでいくが、それがグループにもう一つの分野をもたらすことになる。食品の卸だった。

「鳥取、島根でもいろいろなところにレストランができ、冷凍食品の需要がどんどん伸びていきましたが、それにともない飲食店から要求されたのが（冷食に限らない）食品全般の取扱でした。総合食品卸としての機能が求められたのです」（畠山常務）

さんれいフーズ・畠山広幸常務。「海外の人たちにも高品質でおいしい食品を届けていきます」。アジアを中心に海外展開を進めている。

冷凍食品の運送のために支店や営業所を配置した山陰冷食だったが、そこでは冷凍・冷蔵倉庫のほか、常温の倉庫も備え、一般食品も幅広く扱うようになった。

１９９０年代になると同業者との合併が続き、社名もさんれいフーズに変更。現在、同社は関連会社の島根さんれい（島根県浜田市）と合わせて、山口県の萩から島根県の浜田・松江・出雲、鳥取県の米子・鳥取、兵庫県の豊岡、岡山の津山まで、全部で９つの物流セ

境港産の紅ズワイを使った「かに屋がつくったカニクリームコロッケ」は、全国で人気のさんれいフーズのロングセラーだ。

ンターにより、山陰全域を網羅する物流網を構築している。

１９９０年代から２０００年にかけ、山陰酸素グループへ自動車ディーラーの３社が加わったことで、エネルギー・食品・自動車の３分野にわたる、山陰地方最大のグループが出来上がった。グループ全体の活動拠点は山陰を中心に首都圏、中国の大連も含めて97カ所、総従業員数は約１７００人、取扱総額は７００億円を超える。売上構成比はエネルギー関連24％、自動車関連23％、食品関連53％、どの分野も地域の産業や暮らしに欠かせない存在となっている。

さらなる成長を目指し電力事業に参入、「エネルギー・マネジメント」の浸透で新しい段階に

「〝トータルエネルギーサプライヤーへの脱皮〟をいかにやり遂げるか。これは以前からのテーマでした」（並河副社長）

エネルギー事業、とりわけ同社の主体であるガス事業は、山陰の産業や一般家庭の生活を根底から支えている。ガスを安定的かつ安全に供給していくことは、山陰酸素工業をはじめ、エネルギー事業に携わる関連会社にとって重要な使命であり、これからも継続していく。とはいえ、地域経済の現状を鑑みれば、かつてのようにガスの供給量を大きく伸ばすことは難しい。そんななかで山陰酸素工業は、2015年12月、地域の同業3社とともに、ガスの供給とともに電気も合わせ、地域のエネルギー需要に応えるため、山陰エレキ・アライアンスを設立した。また、同時期に設立された米子市のローカルエナジーにも資本参加した。

「大都市圏のように集中的なエネルギー需要があるところではなく、需要家が点在している米子という地方都市で、効率的にエネルギーを産出・供給・消費するビジネスモデルを構築し、地域内資金循環を作っていく、という試みです」（並河副社長）

並河副社長は、ローカルエナジーへの資本参加の理由をこう語っている。目指すのは、地域で電源・熱源を生み、地域で消費して経済を回していく〝エネルギーの地産地消〟。まずは米子市のなかでも、エネルギー需要が大きなエリアで一つのモデルを作っていく考えだ。

ガスと電気の両方を扱うことで、より合理的に地域の企業や家庭に「エネルギー・マネジメント」をより深く浸透させたい、という狙いもある。産業分野では、省エネに対するニーズは相変わらず高い。設備更新のタイミングと合わせて、省エネ効果のある新しい機器の導入を提案しつつ、ＩｏＴ（モノのインターネット）の利用により、使用するエネルギーを「見える化」

さんれいフーズの物流センターに2015年から導入されたのが音声認識システム。作業能率を飛躍的に向上させた。

して消費をコントロールする「エネルギー・マネジメント」を定着させ、省エネ・省ＣＯ$_2$社会の実現に貢献したい。家庭でも同様だ。

ＩｏＴによる改革は、食品分野でも始まっている。２０１５年２月からさんれいフーズが物流拠点に導入し始めたのが音声認識システムだ。

従来、物流センターのスタッフは、商品探しに苦労していた。同じアイテムでも賞味期限を区別して保管しており、しかも、それらは一定の場所に定まっていないからだ。だが、新しいシステムではコンピュータの音声に従って保管場所に向かえば、すぐ商品を見つけることができる。一部のセンターでは作業時間が50％以上短縮されたという報告もある。松江の物流センターで導入したのを皮切りに、現在、６つの物流センターのうち、４拠点に導入されている。

「１日24時間を仕事だけで終えるのではなく、ワークとライフをバランスさせなければいけません。そのためには仕事を平準化し、誰でもできるようにして、たとえ仕事の途中でも、次の人に受け渡せるようにする。新しいシステムはその第一歩です」（畠山常務）

さんれいフーズでは、２０１４年に「ワークライフバランスポリシー」を掲げ、働くことと生活を充実させていくことが等しくあるべきと打ち出した。現在、物流センターに限らず、全体的な浸透を図っている。

山陰のプライドを胸に、世界へ向けて新しい価値を提供

現在、さんれいフーズで模索しているのが海外展開である。

「とくに中国、東南アジアの人たちにメイド・イン・ジャパンの高品質でおいしいコロッケを食べていただきたい。すでに海外に支店を持つ日本の企業を通して一部の販売は始めているのですが、海外の現地バイヤーと直に取引をと考えています。今、シンガポールと香港、上海で開かれている日本食の展示会に出展して販売ルートを模索しているところです」（畠山常務）

近い将来、本格的な海外展開を想定して、社内では語学のできる社員を養成中だ。すでに海外に駐在して販路を開拓中の社員もいる。

「製造だけではなく、これからは販売にもチャレンジしていきます」（畠山常務）

グループ内ではその相乗効果をねらった新事業の構想も進んでいる。

「これまでは限られたエリアだけで商売されていた方も、われわれの販路を利用していただければ全国展開が可能です」（畠山常務）

これまで築いてきた山陰酸素グループの販売網を活かし、グループ内ばかりでなく、山陰全体の商品を全国へ送り届ける構想が進む。

山陰酸素工業の並河副社長が考えているのは、山陰酸素グループの販売網を利用して、山陰地方の逸品を全国に販売していく構想だ。

さんれいフーズが持つ、全国のスーパーマーケットに向けた広域の販売ルートにより、関連会社の実績はここ数年、飛躍的に伸びてきた。グループとして活用することはもちろんだが、より広く地域全体で活用できるものにしたい。

地元では実績があっても、全国的には知られていない品々が山陰地方にはたくさん眠っている。山陰酸素グループとしてインターネット通販の仕組みも開発中だ。情報を直接、全国の消費者に発信しつつ、グループの広域の販売網を活用して商品を送り出す。それによって、山陰地方全体の経済を活性化させることができるだろう。山陰酸素工業のガスを利用する顧客のなかにも、地域に優れた製品を送り出している企業や事業者は大勢いる。グループの分野を超えた情報交換で、その発掘が可能になる。

「出雲神話を見ればわかるように、ここには歴史があり、海産物をはじめ資源も豊富にあります。それらを存分に活かし、次の世代へと受け継いでいくことがわれわれの使命。山陰を好き

になり、この地に生きる覚悟と誇りを持って仕事をしていく人を望んでいます」（畠山常務）

さんれいフーズの畠山常務は、山陰で事業を続ける意味をこう語っている。根底にあるのが地域を愛する気持ちだ。

山陰酸素工業の並河副社長も、故郷への思いを次のように語っている。

「私は東京で15年ほど暮らしたことがあり、その頃は正直故郷に魅力をあまり感じていませんでした。でも、帰郷して主体的にビジネスに関わるようになると、全然そんなことはないと考えるようになりました。生活している人たちがいるし、需要もあるし、何より環境も人も〝この地域ならでは〟の魅力があります。たしかに意思決定には時間がかかり、意識を変えなければ……と思うことは多々ありますが、逆に言えばまだまだ変える余地が残っているということ。こんなサービスができる、もっとこの地に貢献したいと考え始めたら、すごくやりがいのある地域だと思えるようになったんです」（並河副社長）

エネルギー・自動車・食品。各分野で地域のニーズに目を凝らしながら、業種を増やし、規模を拡大し、時代とともに姿を変えてきた山陰酸素グループ。今はそれぞれの企業が蓄積してきたものを統合し、新たな価値を生み出す段階に来ているようだ。地域と自分の持つスキルに目を向ければ、まだまだ新しいこと、面白いことができる。そんな気持ちを共有できる意欲ある若い力を望んでいる。

廃棄物処理・地質浄化ほか

三光ホールディングス 株式会社

産業廃棄物をくまなく資源・エネルギーに。地球レベルの環境問題解決を目指す

境港の三光ホールディングス本社。ゴミ、有害物質、土壌汚染などの環境問題に地球規模で挑む。

設立／2018年

事業内容／産業廃棄物処理プラントの運営、地質浄化、環境ソリューションの提供、コンサルティングほか

資本金／3000万円

従業員数／371人（グループ全体、2018年5月）

所在地／〒684-0034 鳥取県境港市昭和町5-17

TEL／0859-44-5367

紙ゴミから低濃度ＰＣＢまで、ありとあらゆる産業廃棄物を処理

鳥取県の北西に位置する境港市。市内の北の端から東へ方向を転じ、日本海に突き出た埋め立て地に車で向かうと、やがて見えてくるのが銀色のパイプが複雑に絡み合う巨大なプラントの姿だ。

廃棄物処理を行う三光の潮見工場。全国から集まる低濃度ＰＣＢ（ポリ塩化ビフェニル）廃棄物を、強力な火力で燃焼して無害化する施設だ。２００２年に操業を始め、同社の躍進を支えてきた。

「全国の廃棄物処理業者は１万社ほどですが、そのなかでも低濃度ＰＣＢの処理ができるのは30社だけです」

こう語るのは三光ホールディングスの代表取締役ＣＥＯ・三輪陽通《はるみち》氏だ。

国内でも数少ない施設の一つ、ここ潮見工場を目指して、北海道から沖縄まで、全国各地から低濃度ＰＣＢ廃棄物が運び込まれる。現在も処理量は増加し続けている。

同じ敷地内には、同社のウェストバイオマス工場もある。下水道処理場で発生する汚泥を脱水乾燥・炭化させ、製鋼保温材やバイオマス燃料として再生させる。２０１３年に竣工した。

同様の公的な施設や、電力会社が自治体と一緒になって運営する工場はほかにもあるが、完全な民設民営で行っているのは、全国でもここ三光のウェストバイオマス工場ただ一つだ。

下水汚泥から固形燃料を作るウェストバイオマス工場。乾燥・炭化のノウハウにより、紙おむつ処理の可能性を追求している。

ここからやや東よりの昭和町で、２００５年、三光本社のリニューアルとともに立ち上げたのが廃タイヤリサイクル工場だ。大型粉砕機でタイヤや工業ゴムをチップに刻み、工場や発電所などで使う燃料に変える。質のよいゴムはゴム原料として再利用する。廃トナーや粉状の廃棄物も扱い、それらは混練固化――廃油と混ぜ合わせて固め、補助燃料やセメントの原料として再利用する。出来上がった燃料は石炭と同等のカロリーを持つという。

さらにそこから６キロほど西。１９９３年に竣工した江島工場は、山陰最大級の規模であらゆる産業廃棄物の処理を行っている。

選別破砕ラインでは、〝混載ゴミ〟を木くず、紙くず、繊維くず、廃プラスチック、金属などに分別する。剪定枝や家屋の解体工事などで出た廃木材は、木くず専用破砕機によって細かな木チップに。また、これらのなかから燃料として使えるもの、つまり廃プラスチック、木くず、紙くず、繊維くずなどは、固形燃料製造システムにより、押し固めてＲＰＦ（固形燃料）にする。生ゴミ、糞尿などの生物由来のゴミは、バイオマス製造プラントにより燃料に変え、さらに、焼却炉で発生した熱は再利用し、焼却灰はセメントの材料にする。

文字通り〃一つ残さず〃処理し尽くす廃棄物処理工場だ。

木くず、紙くずから、低濃度ＰＣＢまで。ニーズに応じてあらゆる種類の廃棄物処理を行ってきたのが三光だ。日本有数の施設を持つことを可能にしたのは、一つは創業以来、培ってきた高い技術があったため、そしてもう一つが地元との信頼関係だという。

「施設を造るには、地元との同意が絶対に必要になります。以前は３Ｋなどと、何かと色眼鏡で見られがちな業界でした。理解を得るために私たち自身、努力をしてきたことはもちろんですが、時代が追いついてきた面もあります」（三輪ＣＥＯ）

現在、同社は従来の廃棄物処理の枠を大きく越え、新しい分野へ踏み出そうとしている。未来を語る前に、まずはこれまでの経過を振り返っておこう。

時代の流れとニーズを先取りして、次々と建設した施設が奏功

１９７２年、三輪ＣＥＯの父親が興した三光産業が現在の三光グループの前身だ。当時、境港にはタンカーで石油製品が運び込まれていたが、石油会社が設置した基地を管理し、そこから製品を陸送することが三光産業の業務だった。

高度経済成長の波に乗り、事業は順調に拡大。ガソリンスタンドを経営するなど多角化にも

乗り出したが、1980年代後半から段階的に米子自動車道が開通することになり、事情が変わっていった。山陽と短時間で行き来することが可能になり、石油会社は境港の基地を閉鎖し、山陽側に集約することにしたのだ。三光産業にとって仕事がなくなることを意味した。

そこで取り組み始めたのが産業廃棄物の処理だ。石油製品を扱っていると、どうしても違う種類の製品が混じってしまう〝コンタミ〟（コンタミネーション）事故がしばしば起きてしまう。三光産業では、こうした使えなくなった石油製品を処理するために産業廃棄物処理業の許可を得ていたのだが、それを本格的な事業にすることにした。

「環境への意識も高まっていくはずと、将来性も考えての展開でしたが、現実は厳しいものでした。当時は一般のゴミも産業廃棄物も区別がなく、すべて自治体に任せておけばよい。そんな考え方が一般的でした。ゴミの処理にお金を払うという〝社会通念〟がなかったんです」（三輪CEO）

1988年6月、境港市昭和町に県として初めての民間による産業廃棄物焼却プラントを稼働させたが、肝心のゴミを集めることに苦労した。それでも将来は必ず伸びると信じ、扱う廃棄物の種類を増やしていった。それが功を奏したのが東京での事業だ。都内の病院で医療廃棄物の処理に困っていることを知った。鳥取ではすでに医療廃棄物を扱っていたが、大都市に大きなニーズがあることをつかんだのだ。

1992年、東京営業所を設立して都内の病院を回り始めると、予想通り多くの廃棄物が集まり出した。それを境港の焼却プラントまで運んで処理をした。片道ざっと８００キロ、トラックで約12時間の距離だが、それでも採算は合った。競合はまだおらず、一時は都内の医療系廃棄物の４分の１を扱うほどだったという。

翌１９９３年には、島根県松江市内に江島工場を新設した。こちらは山陰での産業廃棄物全般の処理を見込んでのことだったが、当初はやはりゴミが集まらずに苦労した。が、それも徐々に事業が成り立つようになったという。

「３年に一度の頻度で法律が厳しくなり、そのたびに業者が選ばれて淘汰《とうた》されていくという図式でした」（三輪ＣＥＯ）

三光ホールディングス代表取締役CEOの三輪陽通氏。「グループのノウハウを結集して、全国、海外へ事業展開していきます」

石油基地の管理と石油製品の輸送というかつての業務を下地に、廃棄物処理を事業化、組織化してきた姿勢が認められた。早くから投資を重ねてきたことが、ここへきて他社にはない強みへと変わったのだ。

そして２００２年に新設したのが、低濃度ＰＣＢを処理する潮見工場である。

毒性が明らかになり１９７５年に使用が禁止されたＰＣＢだが、２００２年になっ

ゴミや汚泥を炭化させて作る固形燃料は新たな資源となり、焼却し切るよりもコストパフォーマンスに優れる。

てトランス（変圧器）やコンデンサ（蓄電器）に微量のものが残されていることがわかり、その処理が求められるようになった。全国どの工場にも必ずある電気機器だ。ニーズにいち早く気づいて取り組み始めたことで、全国有数の処理工場となることができた。

２０１３年にはウェストバイオマス工場を新設。こちらも下水処理場で出てくる汚泥の処理に悩んでいたこと、そしてこれが資源に生まれ変わることを見て取り、いち早く取り組むことで日本で唯一の民設民営の〝汚泥炭化事業〟を確立した。

水分を含む汚泥は、運搬段階でまずコストがかかる。さらにその後も、汚泥を乾燥させ、炭化させるのに多くの燃料を要する。どの企業も参入を躊躇する分野だが、三光ではすでに潮見工場が稼働していたこともあり、ここから生まれる廃熱蒸気や、ウェストバイオマス工場の炭化施設から生まれる廃熱を、乾燥施設で再利用するなど効率化を図った。汚泥を燃やし切るのではなく炭化物として取り出し、燃料にしたり、廃熱を発電に再利用することでトータルの効率をさらに上げたのだ。

工場から半径50キロの下水道処理場から運んで処理する汚泥は一日に１５０トンに及ぶ。現在、鳥取と島根の約60万世帯の下水処理に貢献しているが、この汚泥処理のノウハウに意外な可能性が見えてきた。

養殖、防災井戸、海外展開……、次々と現れる新しい可能性

「今、注目しているのが使用済みの紙おむつです。ポリマーがたっぷり水分を吸収しているので簡単に燃やすことができません。通常の焼却炉で燃やそうとすると、燃え切るまでに大量の燃料を使うことになり、どの自治体でも頭を抱えています」（三輪CEO）

自治体はもちろん、全国の病院や介護施設を悩ませている切実な問題だ。だが、水分を含んだ汚泥処理のノウハウを持つ三光なら処理ができる。実験を重ね、ウェストバイオマス工場で扱う汚泥に10％まで紙おむつを入れても、効率を落とさず処理できることを突き止めた。

工場の廃熱に意外な使い道も見えてきた。2013年から取り組んでいるのが、高級魚キジハタ（地元ではアコウと呼ばれる）の養殖だ。潮見工場とウェストバイオマス工場の廃熱と、発電から生まれる蒸気の熱を利用して、キジハタの成長スピードが最も早くなるという25度に水槽の温度を保つ。すぐそばに海がある利点を生かし、海水をろ過して循環させつつ、一方では新鮮な海水を取り入れる〝ハイブリッド方式〟で良好な環境を保つ。通常3年かかると言われる育成期間を1年半に縮めることが目標だ。

江島工場でも、やはり廃熱を利用して魚の養殖が進められている。江島エリアは淡水である

グループ企業のエイチテックで進めるのが防災井戸の掘削。災害に備えて今後ニーズが急増すると見込んでいる。

ため、潮見エリアとは違う魚種が研究されており、どちらも新たなブランドにできるのではないかと期待は大きい。

海外からも注目されている三光の技術の一つが、鳥取市内の鳥取支店に併設されている堆肥工場だ。この工場では、生ゴミ――食品残渣を主原料に、一部、下水処理場の汚泥も運び込んで微生物で発酵させて有機肥料を作っているが、その技術に注目したのがインドだ。

「人口13億の農業大国。しかし、化学肥料の使い過ぎで土地がやせてしまい、今は有機肥料を使う方向へ国が政策を転換しています。それに最適の施設がこの堆肥工場です」（三輪ＣＥＯ）

２０１５年、ＪＩＣＡ（ジャイカ＝独立行政法人国際協力機構）の事業に採択され、ＯＤＡ（政府開発援助）としてインド南部のコチ市で２０１８年中にプラントを建設して実験を始める予定だ。

三光の焼却炉は、ロシアも関心を示している。

「これまで、ロシアの地方都市のゴミ問題は置き去りにされがちでしたが、ここへきて解決へ向けて動き出したようです。もともと鳥取県はウラジオストクと交流が深いのですが、ここの人口は約60万人、必要とされているのがわれわれの一日70トンほどを処理する焼却炉です。数百トン、数千トンクラスのものではなく、70トンクラスの焼却炉はどこも扱わずに盲点になっているんです」（三輪ＣＥＯ）

メーカーとともにプラントを建設し、オペレーションのノウハウを持つ三光グループが指導する「ビルド・アンド・オペレーション」方式で、中堅の焼却炉をロシアの地方都市に広めたいと考えている。

さらにもう一つ、三光グループが注目する新しい分野がある。２０１５年に資本・業務提携したのが広島県福山市に本社を置くエイチテックだ。土壌汚染の調査とその浄化に取り組んでいる。

工場跡地などは溶剤や重金属で汚染されているケースが多く、この事業そのものの注目度は高いが、もう一つ地質調査の技術を応用して進めているのが削井《さくせい》工事＝井戸を掘る工事だ。地下水を探り当て、飲料水をはじめ、生活用水・工業用水などに用いる。

「とくにニーズがあるのが防災井戸です。震災時、真っ先に求められるのが水の確保。飲料水としてはもちろん、身体を拭いたり、下着や服を洗ったり……。電気も使えなくなると、昔ながらの手動のポンプが役に立ちます」（三輪ＣＥＯ）

２０１７年12月、埼玉県川口市の青木信用金庫が西川口支店の駐車場に防災井戸を開設した。

エイチテックが掘った第1号の井戸だ。災害時の業務維持のために役立つことはもちろん、地域の住民や近隣の病院に井戸水を提供する。1分間に約30リットルの水が供給できる。現在、金融機関をはじめ、地域のインフラとしての機能を目指すコンビニチェーンが防水井戸に着目しており、今後、急速にニーズが顕在化すると期待している。防水井戸で全国制覇を目指したいと三輪CEOは語っている。

求めているのは、世界に目を向け環境問題に取り組む意欲のある人材

２０１８年4月、三輪氏は三光ホールディングスを設立し、産業廃棄物処理の三光、創業以来の事業である石油輸送、販売の三光エナジーサービス、土壌汚染調査とその浄化事業、防災井戸に期待がかかるエイチテック、そして産業廃棄物のなかでも廃木材の処理、再資源化を担う湯浅建材の4社を正式にグループ化した。

「コア事業である廃棄物の適正処理、リサイクルで30年培ってきた技術をはじめ、グループの持つノウハウを結集して、全国はもちろん、海外へ積極的に事業展開していきます。三光グループの事業とは、時代のニーズに応えること、社会問題を解決することそのものですから」（三輪CEO）

差し迫った地域のゴミ問題から、有害物質の除去、そして温暖化をはじめとする地球環境問

題の解決まで、グローバルな課題に挑戦しているのが三光グループだ。

工場見学を開催したり、地元の小中学校へ出前授業に出向いてゴミ問題やリサイクルについてわかりやすく説明するなど、オープンな姿勢により理解を広げてきた。地域貢献を意識して、山陰放送では地元の高校生を応援するテレビ番組も提供している。

廃棄物処理業界への見方は大きく変わり、今では環境問題を解決する主役として、現実に事業は急伸している。

ゴミ問題やリサイクルへの理解を深めるため、地元小中学校で続けているのが出前授業。地域貢献の一貫だ。

今後の大きな成長を支えていく人材としては、一つは廃棄物処理のための技術系、とくに化学の知識を持つ人材、そしてもう一つは海外展開を担う国際的な視野を持つ人材がとくに重要になりそうだ。ちなみに、これまで採用された社員の出身地は鳥取に限らず、むしろ県外出身者が多い傾向だそうだ。

「日本も世界もどんどん狭くなっています。世界中の『もっと救える環境』に目を向けてその解決を図っていく。グローバルな視点を持った使命感に溢れる意欲的な人材を望んでいます」

と三輪ＣＥＯは語っている。

第2章

人づくりにこだわる鳥取の注目企業

株式会社 アクシス

学校法人 鶏鳴学園

学校法人 米子自動車学校

システム開発・ソリューションベンダー

株式会社 アクシス

鳥取を拠点に全国規模の事業を展開。鳥取の人材を積極的に採用育成しながら、地元とともに成長を目指す

鳥取に拠点を置きつつ、国内外から優秀な人材を集め、最先端のシステム開発を進めるのがアクシスだ。

設立／1993年9月3日
事業内容／システム開発・導入、Webデザイン、ニアショア開発、ITスクールなど
資本金／2000万円
従業員数／123人（2018年4月）
所在地／〒680-0846 鳥取県鳥取市扇町7番地 鳥取フコク生命駅前ビル7F
TEL／0857-50-0375

鳥取を本拠地に大都市圏へ高い品質の仕事を提供

「地方に行って初めて、企業の役割っていうものを再認識したというか、やはり企業というものは地元ではすごく影響力があるんだな、ということは感じましたね。東京で経営していると、そんなこと思ったことはありませんでしたから……」

鳥取市に本社を置き、地元の自治体や企業はもちろん、東京・大阪など大都市圏の企業を顧客としてシステム開発を行っているのがアクシスだ。社長の坂本哲《さとる》氏は、鳥取を拠点に活動することで気づかされることが多いという。

アクシスは、太陽光発電監視計測システムや金融機関向け情報共有型顧客情報システムなど、特定の分野に特化したソリューションを扱いつつ、医療、製薬、流通、製造、建設など幅広い分野での受注開発も行っている。また納品後、システムのサポートのためのＢＰＯ（ビジネス・プロセス・アウトソーシング）センターも運営し、ＷＥＢデザインやＩＴスクールなどの事業も進める。

高度な技術を持つ頭脳集団だが、ユニークなのは、鳥取が本社で社員にも県内出身者が多いことだ。また、顧客にも地元・鳥取の企業が名を連ねるのだが、東京・大阪をはじめとする県外企業からの仕事にも数多く応え、それが売上全体の85％を占めていることだろう。

現在１２３人まで増えた社員の９割は鳥取県出身者で、Ｕターンして鳥取に戻ってきた人も

坂本哲社長。「地方だからできることはたくさんあります。それをこれからも証明していきたい」

多い。その社員たちが頻繁に大都市圏へ出掛けて全国規模の仕事をこなし、会社の急成長を支えているのだ。

一方、坂本社長は埼玉県の出身だ。アクシスの経営に携わるまでは鳥取とは縁もゆかりもなかったが、社長に就任してから家族とともに鳥取に移り住み、鳥取がすっかり好きになった。

もちろん仕事柄、活動範囲は全国はもちろん海外へも広がるが、だからこそ〝地元〟鳥取の新しい可能性も見えてきたという。２０１７年から、鳥取の山間部の再生にも深く関わるようになった。

なぜこのような仕事が可能だったのか。そして、坂本社長は地域にとっての企業の役割をどう考えているのか。会社の成長とともに見ていくことにしよう。

社長は埼玉県出身。覚悟を決めて、家族とともに鳥取に移住

アクシスは１９９３年、鳥取県の東、八頭《やず》町の人たちが興した会社だ。設立に関わったのが、

坂本社長の父親だ。設立当時は東京の企業に勤めていたが、数年後に幹部としてその会社に入り、やがて社長に就任した。

現在の坂本氏が社長に就任したのが、それから20年後の２０１３年のことだが、

「ただ当時、私は別の会社を経営していたこともあり、中途半端に引き継ぐようなことはやりたくありませんでした。やるなら１００％株を買い取って経営権もすべて自分が持ち、すべてを引き受ける形にしたいと思いました」（坂本社長）

当時、坂本氏はすでに東京で電気通信工事の会社を経営しており、本拠地も東京に置いていた。東京にはたくさん仕事がある。鳥取のアクシスを経営することになったときも、本社はどこにあっても仕事のあるところで営業をすればよい。そう単純に考えていたという。父親も同様のスタンスで、アクシスの本社は鳥取に置き、東京・大阪に事務所を構え、自分は兵庫県西宮市内に住んで、東にも西にも縦横無尽に動いていた。

ただ、新しく社長に就任する坂本氏としては、父親と同じではいけないと思ったという。経営権をすべて持って新たに社長に就くとなれば、社内の動揺は避けられないだろう。反発があるかもしれない。本気で経営に取り組むためにも、家族ともども鳥取に移り住むことを決心した。

「でも、家族にはめちゃめちゃ反対されました。妻は北海道の函館出身なのですが、東京に出てきて結婚してこうして生活しているのに、どうして鳥取に行かなきゃいけないの？　意味が

総勢4000人以上が踊る鳥取市最大のイベント「鳥取しゃんしゃん祭り」や砂丘清掃などの地域活動も活発に行っている。

わからない、子どもの進学だってあるし、という具合です。でも、私としては子どもはまだ小学校低学年だったので行くなら今しかないと……」（坂本社長）

実際に住み始めると当初の懸念はすっかり消えた。東京ではマンション暮らしだったが、鳥取では戸建ての広い家に住むことができ、山も海も川も近く、子どもを育てるには理想的な環境だ。

何を食べてもおいしいことは、大人にとっても大きな魅力だった。進学問題も、子どもたちは鳥取で個性を伸ばす教育で知られる学校に入学でき、むしろよかったとさえ思えた。

もっとも、坂本社長にとって負担が増えたことは事実だった。すでに経営していた会社が東京にあったため鳥取と東京を往復する生活になった。だが、東京で活動を続けアンテナを張っていたことが功を奏し、当初考えた通りアクシスに大きな仕事が飛び込んできた。

電気通信工事の会社の顧客が、太陽光発電に乗り出すと耳にしたのだ。家庭用の太陽光パネルについては、発電量やCO_2削減量を計測したり、表示するシステムは各社作っていたが、大規模な太陽光発電所のためのシステムは当時はまだ少なかった。

すぐに作りましょうと提案すると、すんなりと契約を結ぶことができた。電気通信工事会社で築いた信用は大きかった。そしてそれを皮切りに、以後、大手企業から同様の仕事が入るようになった。

電力自由化が始まろうとしていた時期で、多くの企業が参入をねらっていた。とくに、再生可能エネルギーとして期待が大きかったのが太陽光発電で、アクシスが携わったのは、そのなかでも1メガワット以上を発電するメガソーラーといわれる大型の案件だった。

太陽光パネルに換算すると、最低2ヘクタール——サッカー場三つ分以上の土地で行われる発電で、企業によってはそれが数十拠点にも及んだ。現在、アクシスは国内の68拠点で太陽光発電監視計測システムを稼働させている。売上の30％を占めるほどに成長した。

一方、地元・鳥取の企業とも強い関係を築き、銀行とともに開発してきたのが「金融機関向け情報共有型顧客情報システム」だ。営業を担当する行員が個人的に把握している顧客情報を一元管理するシステムで、個人の力に頼っていた営業を全社的に情報交換しながら行うことで、顧客一人ひとりの細かなニーズに応え、適切な商品をすすめるのに役立つ。このシステムは現在までに5行の銀行に導入している。

自ら教育事業にも乗り出し、地方では難しかった人材の発掘を実現

東京・大阪など大都市での開発と、鳥取での開発。この二つを使い分けながら他分野でもシステム開発に挑み、現在、アクシスが携わるのは医療、製薬、金融、流通、製造、家電、公共、自動車、建設などなど幅広い業種にわたっている。業務の把握から要件定義、設計、開発、テスト、保守まで一貫して当たり、先方のニーズや効率を考え、多様な要望に応えている。

ただし、このような地方のシステム企業は全国各地に数多くあるのかもしれない。東京・大阪など大都市圏の企業に営業し、地方の人件費の安さを武器にコストパフォーマンスのよいシステム開発をする。だが、アクシスはその道を選ばなかった。

「『地方だから安く作れるんでしょ?』とよく言われますが、そんなことはありません。たしかに賃金は多少は安いかもしれませんが、せいぜい違っても10%程度。設計段階では少なくともひと月はお客さまのところに入って仕様を固めなければなりませんし、そのための費用もかかります。またできたプログラムの価値は、東京で作ろうが鳥取で作ろうが変わるものではありません」(坂本社長)

価格ではなく品質を重視した。そしてそのために力を入れたのが人材開発だった。

「当然のことですが、東京(の同業者)と同レベルの実力がなければ、東京で仕事を取ることはできません。しかし都心とは違って、地方では人が流動しているわけではありません。外か

ら人材が入ってくることは期待できませんから、自ら教育する環境を作ることにしました」（坂本社長）

東京や大阪ならば学べる場はたくさんあり、そこを通じて人材を得ることは可能だ。だが、鳥取では教育機関そのものが少なく、得られる情報も限られる。見出されずに眠っている才能も数多くあるはずだ。自ら教育に関わることでその発掘が可能になる。

アクシスが取り組んだのがＩＴスクールだ。ＳＥやプログラマなどを養成し、必要な資格の取得も目指す。現役のＩＴ技術者が講師となり、３カ月から半年ほどのカリキュラムの講座として現在は事業の一つになっているが、もともとは自社の人材育成のために立ち上げたものだった。

「学ぶ場所がないのはたしかに地方のデメリットですが、そこをクリアすれば大きく可能性は開けます。現実に決して多くはありませんが、これまでに優秀な人材が当社に入ってきました」（坂本社長）

コース修了後、希望者はアクシスで働くことができる。通常なら採用の枠から外れてしまうような、未経験者や大学の中退者なども広く受け入れたところ、地

地元・鳥取での人材育成に貢献するITスクールだが、自社の人材確保にも役立っている。

元・鳥取で才能を持つ人材が現れた。試用期間を経て正社員になった人は少なくない。

世界にも目を向けつつ地元・鳥取の可能性を追求し続ける

通常の新卒採用も念入りに行っている。ここでとくに意識したのが、企業説明会などには必ず社長自らが顔を出すことだという。

「合同説明会では必ず『社長来場』の看板も立てます。すると興味を持っていない学生も来るんです。そこで私が登壇して、もう少し地元に目を向けてみたらどうかと、当社のＰＲではなく、地元に対する学生のマインドを問い直す話しをするとけっこう響くようです」（坂本社長）

坂本社長は自分が鳥取出身ではないことも明かしながら、鳥取出身者である君たちこそ、鳥取で働くことで地元の可能性を引き出せるはずと、地元で働く意味や意義を訴える。何度か続けていくと、社長の講演は常に満席で立ち見が出るほど学生が集まるようになった。

そもそも地元に優秀な企業があること自体、知らない学生は多い。自分が活躍できる場があるとわかれば戻ってくる学生は少なくない。

社長自らが語りかけることが大事なところだ。都心のベンチャー企業では当たり前にやっていることだが、意外に担当者任せにしている会社は多く、それは最初から採用をあきらめているような雰囲気を学生に感じさせてしまう。

だが、社長ひとりの決意と行動で、それは変えられる。実際、既述の通りアクシスの社員は9割が鳥取出身者で、そのうちの6~7割はUターン組だ。

アクシスの人材発掘は国内にとどまらない。坂本社長が目を向けているのがフィリピンだ。現地に会社を設立し、優秀な人材を発掘して日本へ招く。現在、アクシスで働いているフィリピン出身者は5人にのぼる。

「みんな家族の期待を背負ったエリートで、礼儀正しくコミュニケーション能力は抜群。来日した頃は日本語を話すことはできませんが、がんばって覚えて、しばらくすれば酒の席で全員を回って挨拶するほど話せるようになります」(坂本社長)

彼らは日本で自分のキャリアを積みたい。アクシスにとってはソフトウエアの質を上げるためにも欠かせない人材である。

現在、カンボジアにも目を向けており、学生のためにIT教育を行うところから始めている。教育の場さえあれば可能性のある人材を見つけることは可能になる。10年先を見た投資だ。

ソフトウエア開発のための人材開発に力を入れる一方で、その後のサポート体制も充実させてきた。

BPOセンター事業は、最初はコールセンターとして始めた。現在も顧客企業の業務の一部を請け負う形でテレビショッピングや通販の受注などを行っているが、より技術面を特化させて取り組んでいるのが、納品したシステムのサポート業務だ。既述の太陽光発電計測監視シス

会社説明会には必ず社長自らが出席。自社PRよりも、鳥取で働く意義ややりがいを語るようにしている。

テムをはじめ、金融、医療、製薬など広範囲にわたる業種の各システムのサポートをここで行っている。

「新たにシステムを使うのが数千人単位になることもあり、そこで生じる一つひとつの疑問や質問に答えていく体制が必要になります。システムの知識を持って電話で即座に答えることはもちろん、必要ならばスタッフが現地に赴くこともあります」（坂本社長）

鳥取を本拠地に、地元でも大都市圏でも質の高い仕事を遂行する。それを可能にしているのが、地元、国内、海外にまで目を向けて人材を発掘すること、そして、開発から保守まで一貫した体制を持つこと、この二点といえそうだ。だが、さらにもう一つ、坂本社長の信条に注目する必要があるだろう。

「私自身、何かできるわけではありませんが、人とのつながりは大事にしてきました。私はつながりだけで生きている人間といっても過言ではありません」（坂本社長）

大都市圏での仕事も、また国内外の人材発掘も、人とのつながりで可能になった。世界から再び地元・鳥取に目を向けたとき、人とのつながりでまた新たな事業が見えてきた。２０１７年、アクシスが乗り出したのが地方創生だ。アクシス発祥の地・鳥取県八頭町の廃校を利用してコワーキングスペースやコミュニティスペースなどを備えた「隼Ｌａｂ．（はやぶさラボ）」を数社とともに立ち上げたのだ。ほかのメンバーには、鳥取出身で国内で活躍する経営者やクリエイターがおり、彼らと一緒にゼロから人のつながりを作り出していく仕事だ。

「会社としてしっかり売上を立てて、納税し、雇用も生み出していく。それはそれでとても大事なことで、当然続けていきますが、地方にはそれ以外にやれることがたくさんあります。それをこれからも証明していきたいですね」（坂本社長）

地方だからこそできる仕事がある。そのために主体的に考え、ほかの人に伝えていけるコミュニケーション能力を持つ。そんな人材とともに地元の可能性を追求していきたいという。

八頭町の小学校跡地をリノベーションして地方創生を図る「隼Lab.」に参加。地域の可能性を探り続ける。

教育

学校法人 鶏鳴学園

「探究型学習」で、自ら考え
世界の課題を解決していく生徒たち。
青翔開智中学校・高等学校

吹き抜けのラーニング・センターを取り囲むように各教室が配置される、明るく開放的な校舎だ。

設立／創立1982年（私塾「あすなろ教室」開設）

事業内容／中学校、高等学校、専修学校、高等専修学校経営など

教職員数／68人

所在地／〒680-8066 鳥取県鳥取市国府町新通り 3-301-2（青翔開智中学校・高等学校）

TEL ／0857-30-5541（青翔開智中学校・高等学校）

職場の改善、園児が遊べる椅子……、何でも「探究」する学校

鳥取市内の中心部から南東方面に車を走らせて15分ほど。住宅地のなかに見えてくるのが、青翔開智《せいしょうかいち》中学校・高等学校だ。私立の中高一貫校である。

「『探究』が学校のテーマです。中学に入学した直後から始めて、アカデミックな手法を身に付けながら、高校1年からはゼミも始まります。やりたいことをトコトンやる子どもたちに、先生たちも驚くほどです。校舎も特別なつくりにしました」

青翔開智中学校・高等学校の特徴をこう語るのは、同校を運営する学校法人鶏鳴学園の理事長と校長を兼任する横井司朗氏だ。

訪れて驚くのは、「探究」型学習のために作ったというラーニング・センターだ。校舎の真ん中に設けられた2階まで吹き抜けの空間で、いくつかのテーブルが置かれ、書棚には図書が並べられている。図書館の機能を持つがそれだけではない。

取材した平日の午後、中学1年の生徒たちが数名、テーブルを取り囲んで話し合っていた。テーブルにはホワイトボードが取り付けられ、そこに建物の見取り図が描かれている。鳥取市に新たに美術館を建てる計画を立て、その場所や敷地の使い方まで検討しているという。この日は、入場料をいくらに設定するかを話し合っていた。どれほどの資金で建てられるのかを手分けして調べ、建設費用を回収できるように入場料を計算しているという。

10年の準備を経て2014年に開校した青翔開智中学校・高等学校。同校で学びたいと海外から移住してくる家族もいる。

「お金のことは銀行の方に来ていただいて講義を受けて、収支計画の勉強もしました」（横井理事長）

テーマによってその道のプロの講義を受けたり、意見を聞いたりすることも「探究」授業の一貫だ。全国や海外の専門家を探し出し、スカイプで話を聞くこともある。

「これは中2の子たちが考えた工場改善のアイディアです。実際に地元の企業を訪問し、そこで働く人を〝行動観察〟しました。社長をはじめ従業員や顧客にもインタビューして、問題点を出し合い、改善点を整理したんです」（横井理事長）

横井理事長が棚から取り出した大きな模造紙には、工場のラインが描かれ、周りに付箋がたくさん貼られていた。生徒たちが気づいた問題点や改善点が書かれており、結果を社長にプレゼンして好評だったという。

別棟にある技術室を覗くと、そこにも「探究」の成果が張り出されていた。テーマは「絆を深めよう」。幼稚園ではひとりで遊んでいる子どもがいる。みんなでもっと仲良く遊べる〝道具〟を作れないだろうか。

生徒たちは幼稚園で園児を〝行動観察〟し、「地べたで本を読んでいる子がいる」、「みんな裸足」とやはり付箋で整理していくと、特別な椅子を作ればよいことがわかった。その要件についても付箋で出し合い、導かれたのが「力を合わせて座る椅子」だ。数人で座れる向かい合わせの椅子だが、底が丸いのでみんなでバランスをとらなければ安定しない。園児たちがキャアキャア言いながら遊ぶ姿が目に浮かぶ。「技術と探究の融合、コラボですね」（横井理事長）

医師を志すも、果たせず、郷里に帰って子どもたちを教え始めた

学校のあちこちには特別なスペースがあり、組み合わせ次第で大きくも小さくもできるテーブルや、腰掛けてもいいしデスクにもなる椅子など、目をひくツールが備えられる。IT企業のオフィスを思わせるつくりだが、これも生徒たちがいつでも話し合えるようにとの配慮からだ。

現実離れした特別な空間にも見えるが、横井理事長がここへ至る道は険しく、厳しい現実を経験したから

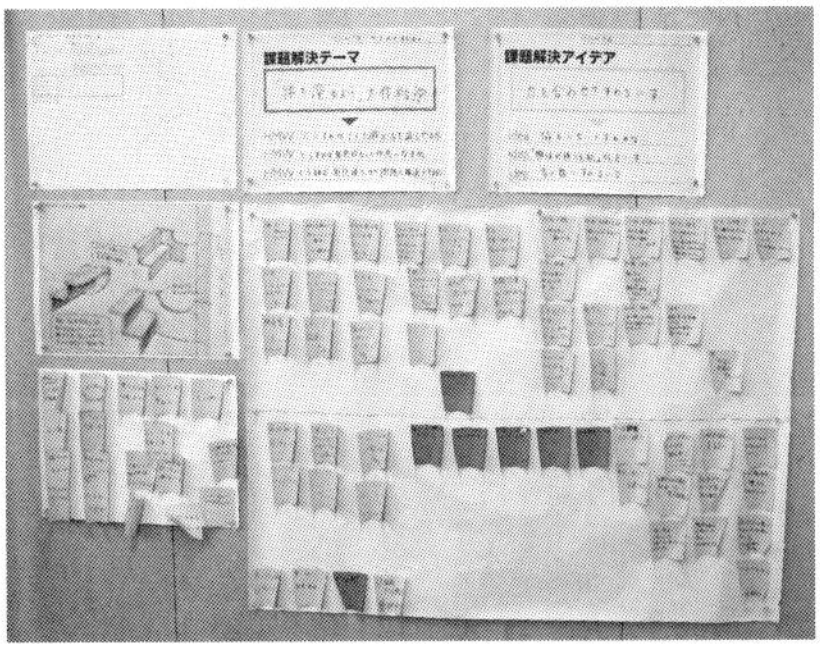

幼稚園児が仲良くなれるツールをと、生徒たちが考えたのが「力を合わせて座る椅子」。“行動観察”して付箋で整理、アイディアをまとめた。

電車での通学に便利なようにとJR鳥取駅前に作ったあすなろ予備校。原点となったのが「あすなろ教室」。ハチマキ姿で生徒に教えているのは若き日の横井理事長だ。

こそたどり着いたのだ。

「高1のときに家業の料亭がつぶれ、大学もあきらめろと言われました。医者になるつもりで勉強していたんですが……。同級生はみんな大学へ進学しましたが、自分は働くしかない。そう思っていたとき、働きながら勉強して医学部に入学し、やはり働きながら卒業を目指している人と出会いました。これだ！　自分もそうしようと思ったんです」（横井理事長）

鳥取から単身、京都へ行き、働いてお金を貯め、貯まったお金で受験勉強することを繰り返して夢を果たそうとした。が、現実は厳しかった。医学部は5回受けたがすべて不合格。29歳での受験を最後に郷里の鳥取に戻り、母親の喫茶店を手伝うことにしたが、それが転機になった。

「試験前になると喫茶店で勉強する子がいましてね。それを見ていてついつい口を出してしまうんですよ。そうしたら向こうも教えてもらえるもんだと思ったみたいで

す」(横井理事長)

家庭教師の経験で教えることには慣れていた。ひとり二人と教え始めると、評判を聞きつけ高校生が集まり、中学生も加わった。ついに、家で塾を開くことにした。1982年、30歳のときだ。一期生が「あすなろ教室」と名付けた。

ひと部屋で始めたが、すぐに家中の部屋でも足りなくなり、プレハブ教室を建てた。ほかから先生に来てもらうことにしたが、その数もたちまち増えていった。なぜ、それほど人気を呼んだのか。横井氏に教える才能があったことは間違いないが、他にも理由はある。

まず、学力の高い低いにかかわらず、どんな子でも受け入れた。また、当時は珍しい毎日通える塾にした。授業を一つ受講していれば、わからないことを自由に質問でき、教師たちは惜しみなく個別に対応した。

入塾時に生徒の学力を診断して学習計画を立て、三者面談で目標を共有した。すべての保護者と面談をするうち、塾は「よろず学習相談所」と化していった。

「教室の後ろにアコーディオンカーテンを付けて〝自習スペース〟も作りました。でも、それは名目で、たとえば中3生でも前の学年でつまずいている生徒がいれば、中1中2の授業を後ろで聞けるわけです。もちろん無料で」(横井理事長)

学びたいが学べない子どもたちのために奔走、ついに学校設立へ

「学校」を意識するようになったのは、浪人生が増えたからだ。当時、鳥取県には予備校は少なく、公立の進学校では4年目の専攻科を設けて対応していた。

「しかし、そこに入るには試験があって、しかも国立大学に行く子じゃないと引き受けない。そうでなければ高いお金を払って県外の予備校に行くしかありませんでした。理不尽だと腹が立ったんです」。横井氏が、自分が進学で苦労した経験と重ねていたことは間違いないだろう。ならばここ鳥取市で大学受験予備校を創ろうと決心した。

簡単ではなかった。私学教育の重鎮で、中学浪人のための各種学校鶏鳴塾予備校を開いていた仲市実氏に相談した。仲市氏は県議会議員の経験もあり、学校設立には詳しい。最初はまったく相手にされなかったが、何度か通ううちに意志が通じ、1991年、大学受験あすなろ予備校を開くことができた。県内では東部地区初の私立の大学受験予備校だった。これをきっかけに仲市氏と親交が深まり、1995年には、あすなろ予備校と鶏鳴塾予備校が合併することになった。以後、学校法人鶏鳴学園を名乗っている。

その後も、横井氏は子どもたちのために奔走した。鶏鳴塾予備校との合併で新たに加わったのが中学浪人生だったが、そのうちの3分の1は不登校の子たちだ。予備校へ顔を出すことも難しく通えるようになるまで苦労したが、そこで知ったのは、不登校の子は決して学力が低い

わけではないことだった。勉強し始めると、メキメキと力を付けていく子は多かったのだ。

だが、現実の高校受験では合格できなかった。不登校のため内申点が卒業時のものに固定されているからだ。それを疑問視した横井理事長は中学校の校長会に掛け合い、予備校の学習履歴を合否判定で考慮してもらえるように認めてもらった。

それでも、不登校経験者の高校進学は容易ではなかった。そんな子のために2000年に立ち上げたのが、クラーク記念国際高等学校鳥取キャンパスだ。あすなろ高等専修学校とクラーク記念国際高等学校の提携による技能連携制度を活用した「毎日通える通信制高校」である。

通常、通信制高校はスクーリングの回数しか出席を求められない。ところが同校は通信制だが毎日通う全日制という異例の学校だった。

横井司朗理事長。子どもたちの学ぶ場を求めて塾、予備校、中高一貫校を作り上げてきた。「今も子どもたちと関わることが一番楽しい」

横井理事長はそれを「全日通信制」と呼ぶ。

毎日通いながら生徒たちは習熟度別学習で小学校からの不得意分野をやり直すことができた。「Ｋｅｉｍｅｉ Ｔｉｍｅ」という特別な授業も設けた。コミュニケーション力を養うための体験学習の時間だが、とくに不登校生に役立った。これら配慮されたカリキュラムにより、不登校経験を持つ生徒であっても完全登校することが可能になり、皆勤賞が一学年40人中、5～6名にのぼるほどになった。卒業生の75％は大学・専門学校に進学し、20％はアルバイトも含めて就職する。進路は確実に切り開かれることになった。

それでも壁はなくならなかった。高卒の資格で大学受験は可能になったが、就職の場合、うまくいかない例が多かったのだ。通信制ということで偏見があったようだ。

「毎日通っていた塾生がよく『ここが学校だったらいいのに』と言っていました。いつか自分で学校を創ろうと思うようになったんです」（横井理事長）

２００３年、チャンスが訪れた。鳥取県で公立の中高一貫校を創設する話が持ち上がり、その検討委員として横井氏はプランニングを依頼されたのだ。その頃になると横井氏は教育者として県内で広く認められる存在になっていた。この話は財政難のために流れてしまったのだが、私立ならば可能と横井氏が取り組むことになった。土地を探し、市・県、中央の関係省庁と調整を開始。結局、10年がかりになるのだが、その間、貴重な出会いがあった。

「本当に偶然でした。学校開設のため東京の省庁に出向いた帰り、新幹線のホームで京都市立堀川高校の荒瀬（克己）先生が目の前を通ったんです」（横井理事長）

荒瀬先生は京都市立堀川高校に「探究科」を設立し、国公立大学合格者数を飛躍的に伸ばして有名になった人だ（現在は大谷大学教授）。「探究科」は、横井氏が求めていた教育のあり方そのものだった。その場で声を掛け、自分も学校を創りたいと話すと、快く堀川高校へ招かれ、以後、何度も京都へ通った。そして２０１４年、青翔開智中学校・高等学校を開校した。

やりたいことをトコトンやって、将来を自分で切り拓いていく人材を

「探究型学習で最も難しいことは最初の『問い』を立てることです。興味・関心から始まったことでも、何がわからないのか？　何を調べたいのか？　どんな問いを立てればよいか？　問題がわかれば、仮説も立てられますし、解決への道筋も描けます」（横井理事長）

青翔開智中学校へ入学すると、まず2日間のデイ・キャンプで「デザイン思考」を学ぶ。人々が求めているものを探し出し、デザイナーのように形にしてゆく課題解決手法だ。デザインと名は付くが企画全般に役立つ。さまざまなアイディア発想の手法を徹底的に学ぶ。

中学2年では「課題解決型職場体験」として地元の企業を訪問し、そこでの課題を発見して解決方法を社長に提案する。冒頭、工場見学で改善点をまとめた資料に触れたのが、この時に作ったものだ。

中学3年からは、情報、論理、統計などの基礎知識を身に付けつつ、データの解析方法など、仮説を科学的に考察したり、裏付けたりする手法を身に付けていく。中3の後半からは国連の提唱する「ＳＤＧｓ（持続可能な開発目標）」に基づく社会課題解決ゼミに入る。ＳＤＧｓとは、国連が掲げる17の目標のことで、「貧困をなくそう」「飢餓をゼロに」など国際的な課題を学ぶ

ことで、生徒たちの視野はいっきに鳥取から日本へ、日本から世界へと向けられていく。

高校へ進学すると、ゼミ活動を通して高校1年終了までに個人テーマを決めていく。そして高校2年で修了論文を仕上げる。2015年10月にまとめられた第1期生の論文集には、高校生が書いたとは思えない洞察力の優れた論文が並んでいる。

1期生14人のひとり、K・Nくんの論文を見てみよう。選んだテーマは「ゲーム攻略本の必要性」。情報がすべてネットで手に入る時代、なぜ「ゲーム攻略本」が売れるのか。素朴な疑問を出発点に、ゲーム機普及の歴史や読書離れなどを絡めて考察し、攻略本の本質は、情報を見つけ自分なりに使い方を工夫できる「図鑑」だと探り当てた。情報の電子化が急激に進む現代、未来の情報提供のあり方を考えさせられる内容だ。

2017年春にはこの14人が卒業。歴史を探究した生徒は京都大学文学部人文学科に、エネルギー問題に関心の高い生徒は九州大学工学部へ進学。プロジェクションマッピングをやりたいと、情報処理工学の分野へ進んだ生徒もいる。中高通して「探究」に打ち込むことで、自分の手で将来をつかむ強い意志も生まれた。評判を聞きつけ、国内・海外からも子どもを入学させたいと移住してくる人がいる。先生たちも全国から集まってくる。

「先生たちにも、みんな同じ顔にならずにウニやイガグリのようにトンガってと言っています。LGBTの人権教育をしたいと入ってきた先生は、道徳教育でほかの学校との交流授業が認められ、鳥取県のモデル授業として発表の機会を与えられました。将来この学校をSSH（スーパーサイエンスハイスクール）にしたいと入ってきた先生の努力で、当校は見事、平成30年度にＳＳＨ文科省指定を勝ち取りました。生徒相手に『偉人総選挙』をした先生もいます。先生たちの出身地の偉人たちをあげ、現代に生きていたらどんな政策を立てるかを生徒に考えさせ投票させたんです。歴史と公民の融合です」（横井理事長）

みな20代30代の教員だが、得意分野とともに確かな目的を持った人材が集まっている。

「中央でいくら改革をしても、たくさんの情報のなかの一つでしかありません。しかし、ここ鳥取の子どもたちは、目の前のこの新しい世界に本当に目を輝かせています。地方だから教育改革ができる。地方だからやらなければならない。明治維新だって何だって、歴史は地方が変えてきましたからね」（横井理事長）

自分自身が学ぶことに苦労したことで、子どもたちと向き合い、大きな可能性のある世界を切り拓いた。ひと部屋の塾は、今、大きな学校になったが、「毎日、子どもたちと顔を合わせて、何かやり合っているときが一番楽しいですね」と、横井理事長の喜びは当時と何も変わらない。

青翔開智中学校・高等学校のラーニング・センターは、グループで話し合ったり、スカイプで専門家のアドバイスを得たり、「探究」型学習の要となるスペース。

自動車教習所

学校法人 米子自動車学校

根底にあるのは、人づくりと地域貢献の精神。地元を大切にする自動車学校

地域で「ヨジガ」の愛称で親しまれる米子自動車学校。全車種の免許が取れ、教習では米子市内の危険ポイントにも触れるなど、徹底して地域密着を図っている。

創業／1955年

事業内容／自動車免許（全種類）取得のための交通安全講習

資本金／3000万円

従業員数／70人（パート、派遣含む）

所在地／〒683-0845 鳥取県米子市旗ヶ崎2丁目15番1号

TEL／0859-33-1231

教習生をとことん大切にする自動車学校

米子市の市街地の北西。中海（米子市・境港市、島根県の松江市・安来市にかけて広がる湖）に近いエリアで事業展開するのが米子自動車学校だ。地元では「ヨジガ」の愛称で親しまれている。

取材で訪れた午前、校内のロビーでは、ひとりの女性が受付のスタッフと楽しそうに話し込んでいた。すでにこの日の教習を終え、ひと息ついているようだ。

「卒業されてからもお見えになる方や『先生、免許取れたよ！』って来てくださる方も。スタッフのモチベーションも上がりますよね」と語るのは、同校の理事長・柳谷由里氏だ。

そうこうしているうちに受付横の通路から小さな子どもを抱っこした女性が現れ、通り過ぎていった。やはり教習生で、講習を終え学校内の保育所から子どもを引き取り、一緒に帰宅するところらしい。すれ違った男性スタッフがにこやかに見送っている。

米子自動車学校の教習卒業生は年間１７００人ほど。その約半数が地元の女性だ。口コミや紹介によるものが9割を占めるという。お年寄りにも安心して通うことのできる学校で、高齢者講習を受ける人は年間２５００人に及ぶ。教習生を大切にしてきた一つの結果だ。

その姿勢は、学校の東の階段横に貼られている「お客さまの声」にも見て取れる。うれしいことはピンク、不満なことはブルーの用紙を用いて自由に教習生に書いてもらい、必ず返事を添えて掲示している。ピンクが圧倒的に多い。

　向かいのエレベーター上のスペースにも、スタッフが教習生のために知恵を絞っている様子がうかがえる。教習生が食事に困らないように、学校周辺の飲食店を写真付きでまとめた「グルメマップ」を作ったのだ。スタッフお勧めのメニューも添えられ手作り感が溢れている。これらは米子自動車学校の顧客重視の姿勢を表す一端に過ぎない。創業から60年以上の積み重ねの上に築かれた姿勢でもある。

　米子自動車学校の歴史を振り返ってみよう。

自動車学校設立の根底にある、人づくりと地域貢献という強い思い

「昭和30年頃からモータリゼーションの波が起こり、祖父は必ずみなさんが自動車に乗る時代がやってくると確信していました」（柳谷理事長）
　米子自動車学校の設立は１９５５年。現在の柳谷由里理事長の祖父・柳谷保一氏が立ち上げた自動車練習所だった。実際にその後、日本は高度経済成長へと突入し、高速道路をはじめ幹

“感動提供業”として社内でいくつものプロジェクトを実施。教習生に自動車学校周辺の飲食店を紹介する「グルメマップ」もそのなかから生まれた。

線道路の建設・整備が進んで自動車が急速に普及した。誰もが自分の自動車としてマイカーを持つ時代へと変わっていったのだ。

柳谷保一氏の先見性は疑いのないことだが、もう一つ意外な一面を見逃すことができない。

1898年生まれの柳谷保一氏は、早稲田大学卒業後、鳥取県立倉吉中学校（現在の県立倉吉東高等学校）で英語の教師となった。社会人として最初の仕事が教育だったのだ。その後も郷里の米子に戻り、米子高等女学校（現在の県立米子西高等学校）で英語と公民を教えている。

日本が戦争へと突入した1941年には日本海新聞社に入社して記者に転身し、そこで取締役総務局長まで務めたのち、戦争まっただ中の1943年、立候補して米子市会議員となった。

柳谷由里理事長。2004年に就任して以来、ボトムアップにより社内を改革。創業した祖父の「人づくり」の精神を受け継ぎ、こども園や学童クラブの運営も行う。

その後も鳥取県議会議員になり、戦後まで政治家として地域のために活動を続けた。米子自動車学校を立ち上げたのはそれから10年後の、57歳のときである。

「当時の祖父は『人づくりほど面白いものはない』と、よく言っていました。まだ幼少の私に口癖のように言っていましたので、よほど思い入れがあったんでしょうね」（柳谷理事長）

人づくりと地域貢献。教育者として出発し、政治家として地域に尽くしてきた柳谷保一氏の根底にある精神だ。

米子自動車学校設立から12年後の１９６７年、保一氏は幼稚園も立ち上げている。当時、米子市の北側には幼児教育の場がなく、地域の人からぜひにという要望で開園した。

自動車学校と幼稚園。一見、意外な取り合わせだが、「人づくりと地域貢献」では一貫したものとわかる。その後、マイカー時代が本格化し、市内には自動車学校が増えていくが、そのなかでも同校は、この精神により独特の路線を展開していく。

創業から10年たった１９６５年のある新聞には、農閑期を利用して農家の主婦が自動車の練習に励む様子が紹介されている。中心は30代から40代半ばの女性で、隣近所で誘い合ってやってくる主婦グループもいたという。50代以上の女性や夫婦連れの姿も見られ、当時から同校は地域の女性に親しまれていたことがわかる。

１９６６年には学校を移転し、冷暖房完備の2階建ての新校舎を建設したが、そこでは託児所を新設した。子ども連れの女性の需要が高く、それにいち早く応えた結果だった。

この年の秋、保一氏は新しい米子自動車学校の出発を見届けるようにして他界。息子の柳谷中氏《ただし》が理事長に就任した。由里氏の父親である。

中氏は、シミュレーターなど最新の教材をいち早く導入したり、山陰地方では最初に高速道路教習を採り入れるなど先進的な経営に取り組む一方、小中学校からの交通安全教室の要請に欠かさずスタッフを派遣したり、鳥取県ゆかりの漫才師を招いてラジオで地域の交通安全教室への参加を呼びかけるなど、無事故のための啓発活動を積極的に展開した。父親から先見性とともに「人づくりと地域貢献」の精神を譲り受けたのだ。

社員が声をあげやすいボトムアップ型の組織を目指して

柳谷由里氏が理事長に就任したのは2004年。ここでも重視したのが「人づくり」だったが、方法は異なっていた。

「父はカリスマ的な経営者で、出勤すると学校中の空気がピーンと張り詰めるようだったそうです。でも、私は女性ですし父とはまた別のタイプです。会社の永続を考えると、みんなに自分の組織だと認識してもらうことが大切だと考えました」(柳谷理事長)

経営理念の「お客さまに感謝し、地域のみなさまに信頼され、支持される自動車学校として『安全な社会』づくりに貢献します」や校訓の「心正車正」を改めて掲げつつ、現実の経営ではボトムアップを目指した。

「当社は〝感動提供業〟と位置付けました。お客さまに感動してご卒業していただく。『自動車学校で感動させてもらえるとは思わなかった』と、言っていただけることを目指しましょうと」(柳谷理事長)

研修教育に力を入れ、とくに女性指導員の育成を進めるとともに、社内に作ったのが「おもてなし委員会」や「居心地委員会」、「まごころサポート」、「感動プロジェクト」など、テーマ別の社内横断的なグループだ。冒頭で紹介した壁一面の「お客さまの声」の掲示や、教習生のための「レストランマップ」はこれらプロジェクトの成果だ。

内部向けとしては「ありがとうカード」も始めた。スタッフ同士、普段は口にしにくい感謝の気持ちをカードに「ありがとう」と書いて表現する。全カードを掲示すれば、お互いを尊重し合う気持ちが高まる。理事長室には「アクションカレンダー」が貼られている。経営計画に基づき各部署で具体化したアクションを、一年間のカレンダーとしてまとめた。

社員が自ら考え、自らの言葉で語る「ヨジガ　感動手帳」とは

2014年から7人のプロジェクトで作り上げた「ヨジガ　感動手帳　YOJIGA BASIC」も、ボトムアップによる一つの成果だろう。

「経営計画はもちろん以前から立てていて社内でも公開していましたが、社外には持ち出せませんし、A4～A3の大きなサイズのものです。そこで、カバンに入れて持ち歩けて読み合わせしたいときにすぐに取り出せるものを作りたいと考えていました」（柳谷理事長）

「ヨジガ　感動手帳」は校訓、経営理念、ビジョンから始まる内容だが、ユニークなのは「ヨ

ジガー10か条」から始まり、「ヨジガリーダーの心得」、「質の高い教習をするために」、「お客さまに支持される営業」など、通常の業務から地域貢献に至る全72条の一つひとつについて、スタッフが自分の言葉で語っていることだろう。ヨジガーとは、米子自動車学校の愛称ヨジガにerを付け、ヨジガに関わる一人ひとりの人を指す言葉だ。

たとえば「ヨジガー10か条」の第3条は「ヨジガーはただちに行動を起こせ。できない理由をいくらあげても問題は解決しない」だが、スタッフの山﨑翔司さんは、「一所懸命であれば、ダメなやり方で失敗すれば次は違うやり方、それも失敗するとまた次の違うやり方……というように、次から次へと方法を考えて実行します。何回か繰り返していくうちに、だんだんと成功する方法に近づいていきます……（続く）」と記している。

「校訓や経営理念、『ヨジガー10か条』は会社で定めたことですが、『ヨジガリーダーの心得』以降の項目はすべてスタッフが考えたものです。1年以上かけて制作し、その後も毎年、改定しています」（柳谷理事長）

会議などスタッフが顔を合わせるごとに唱和したり、一つの項目を選んでそれについて自分の感想を語ったり、社内のあちこちで72項目を自分のものにしようという活動が続いている。

自動車学校の枠にとらわれず大胆な試みをする一方、逆にやらないと決めたこともある。合宿制の教習がその一つだ。地域を越えて教習生を集めるのではなく、市内の危険ポイントを講習に採り入れるなど、地元の人が安全に運転できることに力を入れることにした。

経営理念、ビジョン、リーダーの心得などをいつでも社員が目にできるようにと作ったのが「ヨジガ　感動手帳」。全72条すべてを社員の言葉で語っている。

鳥取県西部地区で唯一、全車種の免許取得を可能にする体制も地域に対する「社会的責任」と考えている。2007年、道路交通法改正により、大型車の免許取得のためには自動車学校で11～12メートル以上の試験車両を持たなければならなくなったが、そのとき、その購入のためにいち早く動き出したのが数人のスタッフだった。理事長のゴーサイン前に、上司とともに岡山まで出掛け、現地で車両の購入を決めた一人が、現在、未来本部の未来貢献本部長を務める渡部昇さんだ。

「あとから理事長にも校長にもひどく怒られましたが、全車種の免許取得のためには絶対に必要と判断しました。ダメなら自分たちで買い取る覚悟でした」（渡部昇さん）

地元のために尽くすというヨジガの方針に従ったまでのことだった。社会のニーズを汲み取ることには今も敏感で、現在、同校ではドローン講習の計画が進んでいる。

「災害の様子を撮影するなどニーズは無限大です。一方では首相官邸にドローンが落ちるなどの事件もあり、犯罪や事故防止のための法律整備もどんどん進んでいます。まだ資格も免許もありませんが、いずれは必ずできるでしょう。しっかりと教える学校が必要になります」

人づくりの一貫として幼稚園も運営する。「かいけ心正こども園」は、1施設の認定こども園としては県内一の規模だ。

今から情報を集めて準備しなければと力説するのは、総務部長の山岡浩明さんだ。

スタッフがチャレンジしやすい環境を作りつつ、組織の持続的な成長を目指す

「人づくりと地域貢献」のためのもう一方の事業、子ども向けの教育にも触れておかなければならないだろう。

1967年に開園した「かいけ幼稚園」だが、その後、児童数が増えたことで1979年には「かいけ第二幼稚園」を開園、2008年には二つを合併して新生「かいけ幼稚園」とした。2011年には「かいけすまいる保育園」を開園したが、法改正により2015年には幼稚園と保育園を幼保連携型として統合し、園名を「かいけ心正こども園」としている。

現在、米子市内の新開の「かいけ心正こども園」では、広い園庭の開放的な環境で、約340人の子どもたちが教育、保育を受けている。1カ所の認定こども園としては県内一の規模だ。

ここで園訓として掲げているのが「心正行正」――「心が正しければおのずと行いも正しくなる」だ。自動車学校と一貫していることがわかるだろう。

「朝から夕方までの長時間、お子さんをお預かりし、人間形成に深く関わります。園庭や設備も大事ですが、何より大切になるのが〝人〟、先生の質です」（柳谷理事長）

園児の「人づくり」のために、先生の人としての〝質〟にこだわっているという。

２０１１年からは、自動車学校でスタッフの声から学童保育も始めたが、そこでは英語教育を採り入れている。

「ただお預かりするだけでなく、付加価値のある教育を提供していきたい。学童保育の時間は年間で累積するとかなりにのぼりますから、そこでネイティブの先生とコミュニケーションをしていけば必ず力が付きます。子どものときから取り組むことが大事。私自身、何年勉強しても英語で苦労している反省でもあります（笑）」（柳谷理事長）

自動車学校に隣接する敷地に創設された「ＡＩＣ アフタースクール」では、市内の７つの校区の小学校をバスで回り、毎日約40人の子どもたちを迎えている。

「（米子自動車学校の）50周年のときは私が理事長になったばかりで何もできませんでしたが、その５年後には55周年を記念して社史をまとめました。そのときの挨拶として、スタッフのみなさんへ、今日は手紙を書いてきましたとその場で読みあげたところ、長くいるスタッフの方から『感動しました』と言われ、思わず私も泣いてしまいました」（柳谷理事長）

求めている人材は、まず、正直であること、周りの人に思いやりを持てること、新しいことにチャレンジできること、そして、仕事に本気で取り組むこと。この4つだ。また、柳谷理事長は人材を採用する際、採用者の「人生を預かる」という強い覚悟を持って取り組んでいる。働き続けられる環境を整え、女性の産休や育児休暇の取得はもちろん、男性にも最低1カ月の育児休暇を取るように呼び掛けてきた。その甲斐もあり、すでに7人の男性社員の取得実績がある。

1955年の設立当初から、女性の教習生が多いのが特徴だ。学校内に託児所を設けて、子どもを持つ人でも利用しやすいようにした。高齢者にも評判はよい。

「入社してからはまず指導員を目指して力を付け、その上の検定員、さらに部課のリーダーとなって幹部を目指してもらいます。社内には20年以上かけて全車種の指導員・検定員資格を取得した人が4人います」(柳谷理事長)

スタッフがチャレンジする意欲を大切にし、組織が長く持続的に成長していくことを支えていく――。創業時から変わらない〝人づくり〟という精神を受け継ぐ柳谷理事長が、よく発していた「スタッフが一番の宝」というフレーズが印象的だった。

Column

サッカーの力で、鳥取を強い絆の一つの家族《ホーム》に

とても不可能と思われていたJリーグ昇格。
それを先頭で牽引してきたのが、
現在ガイナーレ鳥取の代表取締役を務める
塚野真樹氏とGMの岡野雅行氏だ。
「無理と言われると、ひっくり返したくなる」
「ホームタウンの考え方で
産業もスポーツも盛り上げたい」。
今も熱い気持ちでひた走る2人にとって
サッカーとは？　そして鳥取とは？

株式会社SC鳥取
塚野真樹

株式会社SC鳥取　代表取締役社長。
Jリーグ理事。
1970年鳥取県米子市出身。早稲田大学卒業後、本田技研工業サッカー部を経て、ヴィッセル神戸に入団。鳥取県で初めてのJリーガーとなる。その後、東京ガスフットボールクラブでプレーしたのち、鳥取に戻りガイナーレ鳥取の前身であるSC鳥取に入団。選手、監督、GMを経て2006年に現職。2017年にはJリーグ理事に。

サッカーを続けたくてSC鳥取でプレー。監督を経てGMになったとき、持ち上がったのが「Jリーグを目指せ」

――塚野さんは鳥取県米子市のご出身ですね。鳥取県で初めてのJリーガーとして活躍され、その後ここ鳥取へ再び戻ってきました。

塚野　28歳までJリーグでプロの選手をやらせてもらったんですが、１９９９年に帰郷してからは、青果市場の仕事をしながらサッカーを続けました。早朝4時から仕事をして午後3時には終わりますから、そのあとは地元の高校のサッカー部の手伝いをしたり、倉庫を改造してフットサル場を作り、サッカースクールも始めました。「地域に根ざしたクラブスポーツを」というJリーグの理念を自分なりに考えていたんです。

それにまだ30前後で身体は動きますから、ガイナーレの前身だったＳＣ鳥取でプレーもしました。

株式会社SC鳥取

岡野雅行

株式会社SC鳥取　代表取締役GM。
1972年神奈川県横浜市出身。島根県の松江日本大学高校（現・立正大学淞南高校）では部員2人で始めたサッカー部を3年で島根県3位のチームに。日本大学在学中にスカウトされて浦和レッズに入団。日本代表にも選ばれ、1998 FIFAワールドカップ・アジア予選では、ワールドカップ初出場をかけたイラン戦で劇的なゴールデンゴールを決め一躍時の人に。その後、いくつかのチームでプレーしたのち、2009年よりガイナーレ鳥取に。2013年に現役を引退して現職。愛称は「野人」。

みんな仕事を持っていて、夜になるとグランドに集まって練習して土日に試合をする。そんなスタイルで続けていたんですが、勝ち続けちゃって（笑）、２００１年に日本フットボールリーグ（ＪＦＬ）に昇格したんです。

その後2年ほど選手としてプレーし、次の2年は監督に、２００５年にはＧＭになったんですが、その頃になってＪリーグを目指そうという話が出てきました。ちょうど２００６年にＪリーグが拡大方針を出して、一定の条件を満たすならばＪ２に入れるというのです。

――鳥取のJリーグチームという話が、にわかに現実になってきたんですね？

塚野　それで私はいったん、指導者としての研修を受けるために湘南ベルマーレに向かいました。関わるならやっぱりサッカーの現場でと思ったんです。社長は地元経済界からという話でしたが、１年後に私が戻ってきたときもまだ決まっていませんでした。

「鳥取でＪリーグなんかできるわけがない」と誰も相手にしてくれなかったんです。話が進まなければチームの士気も落ち、負けが込み始めます。最後は大学生相手にも惨敗するありさまで、もう自分が社長になるしかないと腹をくくりました。２００６年のことです。

「とても無理」と言われると、ひっくり返したくなる

――ピッチとフロントではかなり勝手が違ったのでは？

塚野　相当違いましたね。社長になって始めたのが、まず、お金集めです。当時、ＳＣ鳥取の売上は７０００万円ほどでしたが、それを倍以上の１億５０００万にしなくてはいけない。運転資金も必要なので、９５０万の資本金もやはり１億５０００万にしなければ。

１年目、売上は１億までいきましたがそれでも５０００万の赤字。２年目の２００８年、最後まで競って最終戦で勝てばＪ２に上がれるというところまでいったんですけど、結局、負けてしまいました。翌２００９年もやはり最終戦で負け。累積赤字は２億円に膨らみました。

もうギリギリのところまで来ていたのですが、チームの補強を進めていたことで活路が開けました。２００９年にウチに来てくれたのが岡野でした。それからは快進撃でしたよ。

――岡野さんは神奈川出身ですよね。鳥取とは縁がなかったのに、なぜこちらに来ようと？

岡野　当時、私は香港のチームでプレーしていたんですが、日本に戻ってまだまだサッカーをやりたい。そう思っているときに塚野が声を掛けてくれたんです。

鳥取県の人口は東京の世田谷区より少ない。そんなところがサッカーチームを持っている。それだけでもすごいのに、しかもＪリーグを目指すという。これはただごとではないと思いました。鳥取市のとりぎんバードスタジアムを見たとき、以前、ここで天皇杯を戦っていい試合をしたことを思い出し、よし、やろう！　と決心しました。問題はウチの嫁でしたが、「好きなことをやればいいじゃない」と言ってくれてあっさり解決しました（笑）。

Ｊ１のチームならばクラブハウスがドーンとあってジャグジーもビリヤード場も揃っている。それに比べてガイナーレ鳥取は、たしかにＪＦＬとしては環境はよかったと思いますが、練習はいつもあちこちのグランドを転々としたり、またそのためバスで十何時間かけて移動したり……。本当にこのチームでＪリーグに上がれるか？　そんな声も聞こえてきました。

でも、私は高校ではサッカー部がないようなところから始めて、日本代表にもなりました。チャレンジするのが好きなんです。とくに、人から「無理だ」「できっこない」と言われると、ひっくり返したくなる。鳥取にとってはＪリーグに入るのは初めてのこと。果たせればそれほど嬉しいことはない。あのジョホールバルのＶゴール※1を思い浮かべて、絶対にＪ２へ行くってイメージしました。

かつては鳥取の教員チームだったが、2011年に見事Jリーグの一員になったガイナーレ鳥取。写真は鳥取市のとりぎんバードスタジアムでの試合の模様。

※1　1997年11月、サッカー日本代表がイランを破ってワールドカップ・フランス大会本戦初出場を決めたときのスタジアムがあるマレーシアの都市の名前。岡野はここで劇的なゴールデンゴールを決めた。

それで2010年にはJFLで初優勝して、2011年には本当にJ2に昇格しました。ホントにやったんだ！　って思いましたよ。

プロを間近に見られるYAJINスタジアム。子どもたちのモチベーションアップも

——2012年には、第二第三の岡野さんを輩出したいと協賛金によるチュウブYAJINスタジアムも米子にできましたね？

岡野　いやー、最初聞いたときは「ちょっと待ってください、さすがに……」と考えましたよ。嫁とか友達には「そんなもの造ったら何言われるかわかんねーぞ」なんて言われもしましたしね。週刊誌からは『金儲けですか？』なんて取材されました。でも、とにかくスタンドがある自前のスタジアムなんてほかのJ2のクラブじゃあんまりな

第二第三の岡野輩出をと造られたのが米子のチュウブYAJINスタジアム。フィールドと観客席が近く、選手や監督の声や表情がはっきりわかるのが特徴だ。

いですよ。練習だってみんな普通に公園でやってますから。

塚野　客席とグラウンドがすごく近いのでめちゃくちゃ臨場感があるんです。選手の声も聞こえますし、監督の怒鳴り声も聞こえる。この前、日本代表のＯＢ戦※2をやったんですけど、元日本代表のラモスが怒っている声が間近に聞けました（笑）。

ＹＡＪＩＮスタジアムも絶対にできないと言われたんですが、もともとあったゴルフ場をすり鉢状に掘ってグラウンドを造成し、斜面をスタンドにするなど、なんとか工夫して4億円で造りました。普通はこの10倍はかかります。

――米子の街なかに近い環境でありながら、大山《だいせん》の雄大な姿を見ることができる抜群の環境ですね。

塚野　夜はものすごく星がきれいですよ。地元の人たちにも人気で、とくに子どもたちが喜んでいます。次の野人の育成にももってこいですよ。

岡野　ガイナーレでは、アカデミーで園児から小学生を対象にサッカーを教えていますし、中学にも高校にもサッカーをする子がたくさんいます。その子たちにとっても、このスタジアムがあることはとってもいい。すぐそばでプロがプレーするのを見ることでモチベーションが本当に上がります。実際、いい成績を残していますしね。

※2　2017年11月、サッカー元日本代表選手のドリームチームと米子市選抜チームが対戦した「ドリームサッカーｉｎよなご」。ラモス瑠偉なども出場した。

街も人も産業もスポーツも——
ホームタウンの考えで盛り上げる気運を

——子どもたちといえば、ガイナーレは子どもたちと「鬼ごっこ」を続けていると聞きましたが？

塚野　「復活・公園遊び」ですね。私たちの時代は外遊びでいろいろなことを覚えましたが、最近の子どもたちはテレビゲームで遊んでいる。外遊びを体験してほしいと15年前に始めて、今ではガイナーレの選手総出で県内の保育園や幼稚園、小学校で年間２６０回開催しています。２０１７年は延べ1万３０００人以上の子どもたちと遊びました。どこからも引っぱりだこです。

岡野　子どもたちはものすごく喜んでいますし、自分にとっても大事な活動ですね。

塚野　スポーツというと勝った負けたというイメージが強いんですが、もっと日常のなかにスポー

ガイナーレ選手と子どもたちが鬼ごっこなど外遊びに汗を流すのが「復活・公園遊び」。どこからも引っぱりだこで、開催は年間260回にものぼる。

ツがあっていい。面白かったね、またやろうぜ、とみんなでいろいろな話しをして……。そんなふうに鳥取もなれたら本当にいいなと思っています。

今、鳥取も日本も人口が減っています。マーケットとして見るならば全部縮小傾向で何もできないということになりますが、ホームタウンとして見るならば話は全然違ってきます。先代がいて、自分たちがいて、子どもたちがいて、そんなふうにサッカークラブも代々つなげていく。誰でも自分の子どもはかわいいし、一所懸命に育てたいと思っています。

小さな街であっても、産業もサッカーチームもあって、住民の方と一緒に盛り上げる。人口減の時代だからこそ、ホームタウンという考え方で生きがいを見出していきたい。僕はサッカーを通じて、鳥取でこの「ホームタウン」を表現したいと思っているんです。

スポーツで県内を一つのホームにしたい。ガイナーレではU-18、U-15で選手育成を図るほか、小学生や園児にもサッカーを教えている。

第3章

地元とともに成長する鳥取の注目企業

ぎんりんグループ（すなば珈琲）

株式会社 島津組

株式会社 中海テレビ放送

社会福祉法人 養和会

飲食

ぎんりんグループ（すなば珈琲）

逆境を楽しみ、力に変える柔軟さで
誰もがくつろげ、鳥取の温かさが伝わる店を展開

お年寄りでも気軽に立ち寄れるようにと、モーニングセットには和食を用意。地元で水揚げされる「もさ海老」の料理も人気だ。

設立／2014年4月（すなば珈琲）

事業内容／喫茶店

従業員数／200人

所在地／〒680-0908　鳥取県鳥取市賀露町西3丁目27-1（ぎんりんグループ）

TEL／0857-31-4649（ぎんりんグループ）

ただの〝ダジャレ〟には思えなかった「スタバはないが、日本一のスナバはある」

きっかけは、鳥取県の平井伸治《しんじ》知事の発言だった。隣の島根県にスターバックスが進出することが決まり、スタバのない県はついに鳥取県ただ一県になってしまった。２０１２年、あるテレビ局のインタビューに対し、平井知事はこう答えたのだ。

「スタバはないが、日本一のスナバはある」

「スナバ」とは、もちろん鳥取砂丘のことで、30分にわたるインタビュー中、平井知事は、鳥取県のコーヒーの消費量は全国的にも多く、こだわりの店が数多くあるなど鳥取の話題を数多く提供したが、テレビで放映されたのはこの「スナバ」発言のみ。そしてこのわずか数秒の放映内容が、ＳＮＳで全国隅々にまで知れ渡っていくことになる。

それから1年半後の２０１４年4月に登場したのが「すなば珈琲」だ。鳥取市内のＪＲ鳥取駅前と、内陸の国府町《こくふ》の2店同時オープンに、再びマスコミは色めき立ったが、拍車をかけたのが、オープン当日の4月4日、平井知事が鳥取駅前店を訪れたことだ。「すなば珈琲」は一躍、全国に知られる存在になった。

話題づくりのうまい経営者による思いつきの出店だろうか？　しばらくすれば忘れ去られる、一時の流行に過ぎないのだろうか？

いや、現在もすなば珈琲は健在で、それどころか県内に11店舗を構え、すっかり地元に定着

ぎんりんグループ村上亜由美社長。「すなば珈琲への来店をきっかけに、鳥取を好きになってほしい」

している。鳥取県を象徴する、というのは言い過ぎにしても、全国の人からすれば、すなば珈琲の名を聞いて「ああ、あの鳥取の」とニヤリとする人は依然多いのではないだろうか。

「平井知事がどのようなお考えであの発言をしたのか。直接、聞いたわけではないので真意は想像するしかありません。でも、私たちにはただの〃ダジャレ〃には聞こえませんでした。〃ダジャレ〃で終わらせてしまってはいけない、とも思ったんです」

こう語るのは、すなば珈琲を経営するぎんりんグループの代表取締役・村上亜由美氏だ。

「スターバックスがないんだったら、うちがスターバックスではない喫茶店を作ろう」

そんな決意があったという。

お年寄りの来店を想定して、地元の食材を使いながら安心して飲食できる空間を

地元・鳥取で穫れる食材を豊富に使った和食料理を提供しているのが、ぎんりんグループだ。

旬海料理「ぎんりん」や天然海水いけす「海陽亭」など、鳥取県内に15店舗、大阪の高槻に1店舗、展開している。

すなば珈琲の鳥取駅前店も、もとはそのなかの一つの居酒屋だった。地元の食材で味にこだわった料理を提供する。ここでもその方針で営業を続けていたが、駅前に格安の居酒屋が進出してきたことで、事情が変わった。安売り競争には加わるつもりはなかったが、現実に経営は厳しくなる。駅前という好立地を生かせる業態がほかにないだろうか？　こうして出てきたのが、喫茶店だった。

幸い流通のルートはある。名前を何にしようか、と考えあぐねているときに耳にしたのが平井知事の発言だった。それは村上社長にとってただの〝ダジャレ〟には聞こえなかった。

全国の人に少しでも鳥取に関心を持ってほしい――。一人でも多くの人に鳥取に足を運んでほしい――。そういった願いから出た言葉だと思えた。自分たちの気持ちを代弁しているようでもあった。

喫茶店を始める際に意識したのがお年寄りだ。おじいちゃん、おばあちゃんが安心して立ち寄れる店にしたい。そうすれば、若い人も子どもも気軽に来てくれる店にできるはずだ。

「座ったらホッとする、本をゆっくり読める、ペチャクチャおしゃべりできる、そんな居心地のよい空間を作ろうとスタッフと話していました」（村上社長）

派手さや洗練された雰囲気を求めるのではなく、たとえ泥臭くても、鳥取の温かさを感じら

2014年4月にオープンした「すなば珈琲」第1号の鳥取駅前店。現在、移動販売車も含めて県内で11店舗を展開する。

れる喫茶店を作りたかった。

また、安心して飲んだり食べたりできることを重視した。目玉は、鳥取砂丘の砂でコーヒー豆を焙煎《ばいせん》する「砂焼きコーヒー」だが、むしろ店の特徴は豊富な食事のメニューが揃っていることだろう。これまで経営してきた料理店と同様、地元の食材にこだわった。

モーニングメニューとして用意したのが、トーストセットのほか、鳥取県産の米や卵などを用いた「おにぎりセット」と「朝がゆセット」だ。和食は、お年寄りを意識して2種類を用意したそうだが、朝がゆは、二日酔いの人にも喜ばれるのではとの思いもあるそうだ。とくに、駅前店ではビジネスパーソンの来店を想定した。いずれのモーニングメニューもコーヒーを注文すれば無料で付いてくる。

ホットサンドも数種類あり、なかでもおすすめなのが、鳥取で水揚げされるカニともさ海老を使った「ご当地ホットサンド」だ。もさ海老は、店内で毎日すり身にしており、「ご当地カレー」やうどんなどにも使われている。

出なかったはずのスタバがついに鳥取進出！　すると全国から応援の声が……

地元の人たちに支持される店としてオープンしたすなば珈琲だったが、平井知事の来店とも相まって反響は思わぬ方向へ広がっていった。

翌日から県内はもちろん、県外からも多くの人が訪れ始めた。オートバイに乗った一団が来たと思ったら、東京都の八丈島からやって来た人もいた。店内に日本地図を貼り出し、お客さんがどこから来たのかピンで留めていくと、北は北海道から南は沖縄までほとんど埋め尽くされてしまった。ツイッターなどのSNSを見て、ニューヨークから来た人、シアトルから来た人がいたと、あとから知って驚いたこともある。

「お母さんと息子さんの2人で来られた方もいました。姫路からだというので『遠いところからありがとうございます』と言うと、息子さんがずっと引きこもってどこへも外出できなかったけど、ネットですなば珈琲を知り、どうしても行ってみたいということで、来てくださったと知りました。お母さんは『初めて外出してくれた』と本当にうれしそうで、私も一緒に泣いてしまいました」（村上社長）

ふとした会話でお客さんの思いを知ることができたエピソードだが、すなば珈琲がそこまで人の気持ちを動かしていることに改めて驚いた。同時に店を続けようという自分の気持ちも強くなった。

すなば珈琲が、いろいろな人の気持ちに影響を与えているると感じることはその後も続いた。オープンから5カ月後の2014年9月、大事件が起こった。スターバックスが鳥取県に進出することを発表したのだ。するとネットで「すなばガンバレ!」「負けるな!」という声が上がり始めたのだ。

じつを言えば、スターバックスをそれほど意識していたわけではなかった。立ち向かうには大き過ぎる相手だ。それに、すなば珈琲が意識したのは地元のお年寄りであり、お年寄りに合わせることで、若い人も子どもでも来店できる店を目指した。鳥取県には珈琲の味にこだわる古い喫茶店が数多くあり、そちらのほうが競合になる可能性は高かった。

スターバックスの鳥取進出にぶつけた「大ピンチキャンペーン」は大成功。早朝から店前に長蛇の列ができた。

「でもオープン時から、弱いものが強いものへ向かっていく『アリ対ゾウ』の構図で見る方は多かったようです。そうこうしているうちに平井知事も動き始めました。再びインタビューを受けて『スタバが来るなら、勝手にすなば(すれば)』と、またまたダジャレで応酬したんです」(村上社長)

平井知事は、スタバ進出をネタに再び鳥取県をPRする作戦に出たのだ。翌2015年4月、

3期目の知事選で当選したばかりの平井知事は、自らターバン姿で鳥取砂丘を訪れると、ゲゲゲの鬼太郎の砂かけ婆を「臨時スナバー大使」に任命した。鳥取砂丘と鬼太郎の作者・水木しげる氏の故郷・境港をまとめてPRする作戦だった。

あれほど話題になったすなば珈琲が、このチャンスを逃すわけがない。2015年5月、いよいよスタバ鳥取第1号店のオープンが秒読みとなると、すなば珈琲は「大ピンチキャペーン」を打ち出した。スタバを黒船来襲として「でも、決してあきらめてはいけません。ない知恵を絞り、胸に秘策を抱えて迎え撃ちましょう」とネットで宣言したのだ。

オープン当日、スタバが記念のタンブラーを数量限定で販売することに対抗して、すなば珈琲でもオリジナルマグカップのプレゼントなどを企画。思惑は当たり、その日の朝は、すなば珈琲の前に長蛇の列ができた。といっても、スタバの客を食ったわけではない。スタバのほうはオープンの午前7時に千人以上の行列ができるほどの人気で、それから1時間遅れでいつも通りオープンしたすなば珈琲にも確かに列はできたが、そのなかにはちゃっかりスタバのバッグを抱えた人も数多くいた。

それでよかったのだ。というのも、「大ピンチ」と銘打ったのは、ファンの人たちが作ってくれた「アリ対ゾウ」の構図に便乗し、再び全国の人に鳥取に目を向けてもらうことが目標だったからだ。そしてそれは成功した。

商品開発、コラボも続々。一方では「子ども食堂」、被災地での炊き出しも

地域の人たちが安心して立ち寄れる店を作りたい――。地元の食材を使うなど地道に鳥取をアピールする活動を続ける一方、チャンスと見ると、機を逃さず大胆にキャンペーンに打って出る。この二つの路線で、その後もすなば珈琲は発展していく。

２０１５年は、大阪、愛知、福岡、宮崎に続けざまに期間限定の店を開いた。また「すなば珈琲ギフトセット」を作って、県内のイオン５店舗で販売も始めた。

他社とのコラボも始めた。鳥取砂丘コナン空港と若桜《わかさ》鉄道（鳥取県八頭《やず》郡若桜町）では期間限定で「珈琲せんべい」を販売。寿製菓（鳥取県米子市）とは「カフェショコラクランチ」を作って販売し、同年12月には、東京の四谷に初出店し、森永製菓（東京都港区）と「崖からの大脱出キャンペーン」を展開した。

「東京の四谷のバルを朝昼だけお借りしての１週間限定出店でしたが、寒いなか、朝６時ぐらいから多くの人に並んでいただき、なかには秋田からという人もいらっしゃいました。鳥取まで行くのは大変だけど、東京なら何とか来れるからって」（村上社長）

その後も大山《だいせん》乳業農業協同組合（鳥取県東伯郡琴浦町）と珈琲牛乳を共同開発して中四国のセブン‐イレブンで販売するなど、話題づくりともいえるキャンペーンは続いた。

一方、すなば珈琲は、地元の子どもたちのために「子ども食堂」の活動も始めた。

子どもがひとりでも安心して利用できるように、無料か低料金で食事を提供するのが「子ども食堂」だ。鳥取市が事務局となり、いくつかの団体によって現在、鳥取市内の11カ所で開催されているが、すなば珈琲はそのうちの2カ所、すなば珈琲賀露店とパレットとっとり市民交流ホールで食事を無料提供している。

「家でひとりで食べるのではなく、みんなで集まって楽しく晩ご飯を食べてもらおうと始めました。ここで笑いながら食事をすれば、子どもたちの気持ちも解放されるでしょうし、鳥取大学のボランティアの学生さんも一緒なので、勉強を見てもらったり、遊び相手になってもらうことができます」（村上社長）

ぎんりんグループとしてもNPOあゆみを立ち上げ、東北ではもちろん、熊本などの震災時には支援活動を行っている。災害現場では、水不足が起きやすいため、鮮魚を運ぶいけすトラックで現地へ向かう。

「支援活動を続けていると、お客さまのなかには『何かの足しにして』と義援金をくださったり、『子ども食堂のために』とお米や野菜を持って来てくださったりする方が増えてきました。この人の温かさを（被災地の人に）伝え、

他社とのコラボで、コーヒー豆を練り込んだ「珈琲せんべい」や、「珈琲牛乳」を開発。鳥取みやげとして人気だ。

逆に現地の気持ちを提供してくださった方々に届けなければと、いつも思っています」（村上社長）

派手にも思えるキャンペーンと、地道なボランティア活動。一見、まったく相容れないようだが、鳥取の気持ちを全国に発信している、という点では共通している。

お客さまの期待に応えるべく、できることをコツコツとやっていきたい

知事をも巻き込んだキャンペーンも決して一時の流行ではなく、鳥取そのものを全国に押し出す機運を作るきっかけになったと考えている。事実、以後、県内のいろいろな企業や団体が自社製品や鳥取そのものを発信し始めるようになった。

オープンから丸４年。ひと頃のお祭り騒ぎのようなブームは収まったが、今でも多くのファンがすなば珈琲を訪れる。

「朝は必ずうちのモーニングを食べなきゃダメなんだって言うおばあちゃんもいますし、ランチが好きでいつも来てくださる方もいます。いつ来てもいっぱいだから座れんわって怒られることも（笑）」（村上社長）

今は最初に思い描いた、地元の人たちに支持される店になりつつある。

今もすなば珈琲には県外からの出店要請は多い。だが、鳥取に足を運び、鳥取のよさを知っ

てほしいという最初の主旨を大切に考え、今後の出店は県内に絞っていく方針だ。
「だんだん年数がたってくると、お客さまの期待も大きくなってきます。それにどこまで応えられるのか、スタッフの育成が今の課題です」（村上社長）
数ではなく、質を充実させたい。そのためにスタッフの教育に力を入れていくという。一人ひとりがすなば珈琲を背負い、ひいては鳥取を背負う。そんな気持ちを持つスタッフを求めている。
「これからも、小さいからこそできることを、コツコツとやっていきたい」と村上社長は語っている。

みんなで楽しく食事を、と「子ども食堂」の活動に参加。市内2カ所で食事を無料で提供している。

住宅建築・リフォーム

株式会社 島津組

地域にしっかりと寄り添う
建築とくらしのワンストップ相談サービス

「くらしのまん中に、アイがある clasimazu くらしまず」

社員32人中、女性は約半分の15人(2017年)。これからまだまだ増やしていきたい。

設立/1965年創業、1987年設立

事業内容/住宅建築、リフォームなど

資本金/2000万円

従業員数/32人(うち女性社員15人)

所在地/〒683-0009 鳥取県米子市観音寺新町3丁目4番29号

TEL /0859-33-1319

〝建築業はリスペクトされるべき〟という想いから、個人住宅の事業に進出

「住宅はそれを持つ人にとっては一生で最も高い買い物のはず。家があるから、家族が安全に暮らせて、豊かで快適な生活を送ることができる。とても大切なものであり、仕事をする私たちにとっても完成したときの感動は大きい。新築はもちろん、リフォーム、リノベーションでも同様です」（島津志朗社長）

米子市に本社を置く島津組の創業は、１９６５年、今から約50年前のことだ。現在の社長・島津志朗氏の祖父が左官業として起こし、志朗氏の父親、島津捷一《しょういち》氏（現会長）が2代目として引き継いで総合建築業に転換、１９８７年に会社組織となった。

３代目である島津志朗氏は、東京の大学を卒業したのち、米子信用金庫に勤務。１９９８年、30歳のときに会社に入った。社員がまだ数人の頃だ。

規模は小さくとも、信金で働いていたことで、島津組の経営が順調なことはすぐに理解できた。また、建築の仕事は建物という目に見える形で現れることに素直に感動した。「クリエイティブな仕事」と感じたという。

だが、疑問もあった。業界のイメージはというと、どうやら以前の３Ｋのままだった。一生で一番高額な個人消費の商いは、「もっとリスペクトされてもいいはずでは」とも感じていた。志朗氏にとっては漠然とした疑問であり、想いだったが、やがて会社や業界全体も変えてい

島津志朗社長。「お客さまに寄り添い、地域に貢献することで、信用され、認められる存在になれます」

きたいという強い気持ちが強くなり、現実に事業というはっきりとした形になっていく。

左官業の頃から得意先は地元の旅館で、志朗氏が入社した20年前も、地元の米子の皆生《かいけ》温泉をはじめ、島根県の松江温泉や玉造《たまつくり》温泉の旅館の改修工事が全体の7割を占めていた。

「祖父や父の人柄もあったのでしょう。旅館からは非常に認められてはいたのですが、このままではいけない。個人の住宅の新築やリフォームにも力を入れていくべきだと思いました」（島津社長）

旅館の仕事は安定していたが、大きく成長することは期待できず、それだけでは不安だった。一緒に仕事をしていた大工や職人の腕には自信があった。それがもっと発揮できる分野はないだろうか。それが個人の住宅だった。

同じ建築業でも、旅館と個人の住宅ではまったく勝手が違う。当初は社内でも反対意見が出て、議論を繰り返したという。それでも試行錯誤しながら、徐々に住宅分野の仕事を増やしていったが、それが大きく前進したのが２００４年前後のことだ。島津志朗氏が営業部長になると、ＬＩＸＩＬ（当時トステム）のリフォームのフランチャイズに加盟することにしたのだ。

顧客との信頼関係を築く足がかりになった積極的な定期訪問

「全国に知られたブランド力は魅力でした。が、何より惹《ひ》かれたのが、住は聖職なりというトステム創業者の想いと『顧客第一主義』の理念でした」（島津社長）

ＬＩＸＩＬグループ（本店：東京都江東区　本社：千代田区霞が関）は住宅建築のほかいくつかの分野でフランチャイズを展開しているが、島津組が加盟したのが「ＬＩＸＩＬリフォームショップ」だった。

理念の「顧客第一主義」に深く共鳴するとともに、それを具体化する顧客への「定期訪問」にハッとするものがあった。

「建てて終わりではなくて、ずっとアフターメンテナンスをさせていただく。そのための下地づくりでした」（島津社長）

島津組には過去に住宅を建てたり、リフォームした顧客の情報の蓄積がある。それをもとに、一軒一軒、家を再訪問すればよい。

住宅は建築後、年月がたてばどこかしら傷んでくる。だが、家主はどこに連絡すればよいのかわからない。住宅を建てれば仕事は終わり、という姿勢を改め、メンテナンスにもリフォームにも積極的に応じる。その会社の姿勢を知ってもらえれば、きっと利用してもらえるはず。そう期待したが、最初はそう簡単ではなかった。

住まいに関心のある家主であってもとくに奥さまが工務店にメンテナンスなどの電話をすることは意外に抵抗があり、お客さまと工務店の距離は縮まらない。そこで女性社員の力に頼ることにした。

どの家も、自分の家について真剣に考えているのは女性が多い。同じ女性が営業として家を回れば、きっと話をしてくれる。警戒心は和らぎ、家について日頃から感じている共通の悩みや不満で盛り上がるだろう。

「住まいメイト」として3人の女性を採用し、お客さまとのパイプ役として一人ひとりが一日に15~20軒を訪問することを続けると、ねらい通り、主に主婦と親しくなることができた。何度も訪問するうちに本音も聞けるようになり、ときには過去の仕事への辛辣《しんらつ》なクレームにもなった。だが、じっと耳を傾ける姿勢を保つことで、信頼を深めることに成功した。

3人で回った家は、一年間で1200軒にも及んだ。そしてその効果は着実に現れた。

「『言えばなんとかしてくれる』。そのような安心感を持ってもらえたのでしょう。あるときからどんどん要望が出てくるようになりました」(島津社長)

水漏れ、電気関係の修理……、小さな要望に細かく応えていくことで、もっとできることがあるのではと相談は増えていった。

「サッシを二重にしませんか? 冬の暖房効率は目に見えてよくなります」「エコキュートにすれば、電気代を大幅に節約できます」……。

いったん信頼関係ができれば、建築会社としての専門的なアドバイスも聞いてもらえるようになる。大きなリフォームの注文も入るようになった。

「顧客にどこまで寄り添えるか」（島津社長）。そこにカギがあるという。

現在「住まいメイト」は4人になり、リフォーム関連の注文は年間に800軒に達している。

島津組は、全国規模で毎年開催される「LIXILのリフォームコンテスト」で常に上位を占め、2015年から2017年までの3年間は、連続で全国総合第1位を獲得するほどだった。大都市圏の会社ではいざ知らず、人口15万人弱の米子市の会社が上げる実績に、全国の同業者が目を見張った。

全国最大のリフォームFCである「LIXILリフォームショップ」において全国加盟店550社中トップになるほどの実績を上げている。

定期訪問をきっかけに、顧客志向の目線で次々と新事業を展開

現在、島津組は五つの分野で事業を展開している。

一つ目がリフォーム。新築とともにメイン事業となった。部分的なリフォームにとどまらず、リノベーションと呼ばれる、家

現在、伸びている新築住宅。リフォームで築いた信用により、口コミによる注文が多い。

全体をまるごとリフォームするような大がかりな仕事も増えている。

二つ目が新築の住宅建築。見学会を開催して営業するが、リフォームで築いた信用による口コミの効果は大きく、紹介による依頼が舞い込んでくる。

三つ目が不動産だ。新築で家を建てたければ、土地を探すところから始めなければならない。一般の消費者にとって、土地探しも家の建築も一度に同じ業社に任せられれば便利だ。

建築に関連の深い不動産だが、建築と不動産はお互いに棲み分ける傾向にあった。その垣根を外し、両方を同時に扱うことにした。建築・不動産、両方の相談を一カ所で受け付けるワンストップサービスは好評で、新しく家を建てたい顧客に喜ばれるだけでなく、中古住宅の売買や賃貸など、新しい領域の仕事も増えていった。

四つ目が法人対象の建築だ。創業から続いている旅館やホテルの建築や改修に加え、地元の金融機関や著名なメーカー、放送会社、ＪＲ関連会社などから注文が入るようになった。

そして五つ目の事業が鉄道関係の内装だ。南部町所有の「日本最古級の客車」を修理したのがきっかけだった。約40年間用いられた客車は、傷みがひどく保存が危ぶまれていた。その修理を島津組が請け負うことになったのだ。

「復元しなければならないパーツは数千に及び、その一つひとつの木の種類から調べなければなりませんでした。熟練した大工でしかできない仕事でした」（島津社長）

約2年をかけて復元に成功すると評判を呼び、ＪＲ関連会社から内装工事の注文が入るようになった。今では、最新鋭の列車の仕事にも携わるようになり、熟練の大工や職人の技が発揮できる場を増やすことができた。

顧客のあらゆる悩みに対応するワンストップ相談サービス「clasimazu　くらしまず」をスタート

「多角化ではなく、多機能経営。あくまで建築の技術をベースに、その年その年、５つの事業のなかから〝ヒーロー〟となる事業が出てくればうれしい。そんな展開ができればと考えています」（島津社長）

どの事業も、リフォームで始めた定期訪問の影響は大きい。定期訪問で島津組を知ったことがきっかけで、始まった法人の仕事は多い。鉄道の仕事も同様だ。定期訪問した家が関係者だったことから声を掛けてもらえた。逆のケースある。法人の仕事でできた建物を見て、そこに

できたばかりの新社屋。くらしのワンストップ相談サービス「clasimazu　くらしまず」の拠点だ。

勤める人が自分の住宅の注文をしてくれることもあった。好循環のサイクルが回り始めている。

２０１８年１月、島津組はこれら5つの事業の土台でもあり、より大きな目標に向かうもう一つの事業を発足させた。ワンストップ相談サービスの「clasimazu　くらしまず」だ。

「『すまい』のことに限らず、『おかね』のことであっても、何かのトラブルであっても、『くらし』についてのお困りごとなら、どんなことでも相談できる窓口です。そこには専任の『くらしアテンダント』が待機し、お困りごとの内容によって、弁護士の先生をはじめ、税理士、司法書士、社会保険労務士など島津組顧問団の士業の各専門家につなげていきます。紹介して終わりではなく、チームとして相談ごとの〝マネジメント〟をしていく仕組みです」（島津社長）

この事業もまた、リフォームの定期訪問での経験が大きく影響した。そこではじつに多くの相談を受けたが、なかには「空き家を処分したい」、「相続で困っている」、「親が認知症で財産の管理ができない」などの悩みもあった。

「空き家を処分したい」のであれば不動産事業として応じればよいが、相続や財産の管理となると、建築や不動産の領域を越えてしまう。

だが、悩んでいる人にとって領域は無関係だ。そしてそのような人は年々目に見えて増えていた。

どんなことにも寄り添っていく。その決意の表れとして立ち上げたのが「clasimazu　くらしまず」だった。定期訪問により見えてきた消費者の悩み、問題、ニーズを解決するためのまったく新しい事業だった。

望む人材は、顧客の悩みにまっすぐに向き合い、寄り添える人

２０１８年１月、島津組は新社屋を建て、そこに個別相談ができる「clasimazu　くらしまず」のスペースを設けた。そこでは従来の住宅の建築やリフォーム、不動産の相談も、年金や金融などのお金の相談も、相続や遺言、財産管理など法律に関する相談も、すべて「ワンストップサービス」として受けることができる。

「『clasimazu　くらしまず』は五つの事業の頂点にあるというイメージです。そしてそれにより、会社や業界がリスペクトされることにもつながると考えています」と、島津社長は語っている。

女性活躍を推奨する企業として、鳥取県より「輝く女性活躍パワーアップ企業」に認められた。

顧客に寄り添うこと、地域に貢献することにより、地域の多くの人から信頼され、認めてもらえる存在になれる。島津社長が20年前に抱いた疑問の答えが、「clasimazu くらしまず」にあるということだろう。

働きやすい環境を作ることも、地域の人からリスペクトされるための一つの要素である。男社会中心といわれるこの業界で女性を積極的に採用したこともあり、社内では女性が働きやすい環境を整えており、「鳥取県輝く女性活躍パワーアップ企業」にも認定されている。

また、かつて島津社長は、社長であるためには、自分が社内の誰よりも優秀で、何でも知っていなければならないと考えていた。だが、今はそれを改め、それぞれの分野の得意な人に任せるようにした。社員たちの力を信じるようにしたのだ。

そのため、社員の評価も、不得意を指摘する減点方式を改め、得意分野を伸ばす加点方式に変えた。一人ひとりが得意分野を伸ばす、それを全員でシェアできればと考えている。

「会社は社員のもの、社会のもの」とも島津社長は考えている。だから世襲も自分の代でやめるつもりだ。株の一部は社員が保有し、配当を受け取ることができるようにした。

現在の事業は順調だが、将来については決して楽観はしていない。長期的には、少子高齢化という日本が抱える問題の影響は深刻だ。また、短期的にも、消費税増税前に大きくなるであろう駆け込み需要や、2020年開催の東京オリンピックによる一時的な需要増は期待しつつも、その後の大きな反動の打撃が懸念される。

むやみに活動範囲は広げず、五つの事業は現在の米子市を中心に周辺の市町村に絞り込んで展開していく。人口増や急激なマーケットの伸びはないかもしれない。だが、「どれだけ寄り添えるか」という姿勢があれば、着実に実績は伸ばせる。この間、それだけの体制を作り、ノウハウを蓄積してきた。

今はそれらを用いて、存分に力を発揮する人材が一人でも多く増えてほしいと、教育に力を入れている。

望んでいる人物とは、「必ずしも建築経験豊富でなくてもお客さまのお困りに対して、まっすぐに向き合う人。ものごとを斜めから見るようなことはせず、相手の立場に立って明るく前向きに自ら考え行動できる人」（島津社長）だそうだ。

情報通信・放送

株式会社 中海テレビ放送

放送・通信事業で"情報の地産地消"を、電力事業で"エネルギーの地産地消"を

地域密着の情報を発信。電話やインターネットなどのインフラも担う。幅広い事業展開で、地域の豊かな未来の実現を目指す。

設立／1984年11月（開局1989年11月）

事業内容／自主放送、通信衛星による多チャンネル放送、電話・インターネットなどの超高速通信事業、再生エネルギーを活用した電力小売り事業

資本金／4億9300万円

従業員数／59人

所在地／〒683-0852 鳥取県米子市河崎610

TEL／0859-29-2211

創業時から一貫して目指している、情報の〝地産地消〟

米子市に本社を置く中海テレビ放送は、1989年に開局したケーブルテレビ局だ。米子市をはじめ周辺の各市町村や企業、それに地元有志が出資者となり、県西部で事業展開している。「地域の情報を届ける、そして、都市部との情報の格差を埋める。この二つを開局時から会社の使命として取り組んできました」

創業時の経営陣が目指した設立の理念を、30年後の今日まで追求し続けていると語るのは、中海テレビ放送代表取締役社長の加藤典裕《のりひろ》氏だ。

「外部のインフラを借りて情報網を作るのではなく、地域自らが自前のインフラを持つことが重要。開局時からその強い理念を持って前社長の秦野一憲氏を中心にこの会社は立ち上げられました。言うならば〝情報の地産地消〟を推進していく、ということです」（加藤社長）

中海テレビ放送の事業は放送、通信、電力、街づくりの四つの分野にわたる。メインとなる事業は放送だが、そこでこだわってきたのが自主制作と生放送。報道には最も力を注いでいる。「開局時から30年間、一日も休まずに毎日続けているニュース番組が『コムコムスタジオ』です。街の明るい話題、楽しい話題をお伝えすることはもちろんですが、地域にとって必要な情報、つまり、事件や事故なども含め地元で起こった出来事をしっかりと届けるようにしています」（加藤社長）

加藤典裕社長。かつては自らカメラを持って取材・中継もこなした。徹底した地域密着で情報の“地産地消”を実現する。

現在、全国のケーブルテレビ局は500以上になり、それぞれが地元で地域情報を伝えている。だが、自主制作の多くの番組は街の話題が中心であり、報道として本格的に行っているのは数局に限られている。

本当に地域に密着し、地域の人たちが求めている情報を伝える。情報の〝地産地消〟を実現するには、自分たちでタブーなく編集して、放送する必要がある。中海テレビ放送は設立当初から報道にこだわった。しかし、だからといってNHKや大手民放のように、手厚い報道体制をとるだけの予算や人員はなかった。

「そこで副会長の高橋孝之氏（当時専務）の陣頭指揮で採り入れたのが〝ビデオジャーナリスト方式〟でした。ネタ決めから、事前のアポ取り、当日のカメラ撮影、そしてインタビュー、さらに帰社してからの編集・音入れまで、すべてひとりで行います」（加藤社長）

テレビ局の報道取材では、インタビュアーと記者、カメラマン、音声担当のエンジニアの、最低3人から4人が一組になるのが一般的だが、中海テレビ放送ではそれをすべてひとりで行う。設備の小型化にともない可能になった手法で、中海テレビ放送では、環境問題や国際紛争などを取材した、著名なビデオジャーナリストを招いて講習を行い、社内での養成を図った。現在、報道部の記者は全部で11人、出身地もバックグラウンドも多様な人たちが集まっている。

過去の印象深い報道にはどんなものがあったのだろう。加藤社長に思い出してもらうと、自身も関わった事件として、2001年1月、米子市内で起きた「乳児の連れ去り事件」の犯人逮捕のスクープをあげてくれた。

同年の1月に生まれたばかりの女の子が病院から連れ去られた。その数日後のことだ。

「どうやら逮捕が近い。警察署に詰めていた局員から連絡があったので、すぐに取材するために警察署へ応援に駆けつけました。といっても大手テレビ局のような通信衛星を使う中継車などありません。ウチにあるのはケーブルだけ。警察署近くの電信柱にコネクターがありますので、そこにつないでケーブルを延々警察署まで引きずって生中継しました」(加藤社長)

当時の加藤社長の仕事は営業だったが、地元のスクープということで駆けつけ、カメラを構えることになった。さすがにこのときは複数で役割分担をした。

「何でもやりましたね。連行時は、犯人の女性は顔を伏せていたのでよく見えなかったのですが、警察が公表した1枚の写真を最初に手に入れて撮影したのは私でした」(加藤社長)

日本中で話題になった事件だったが、日曜のゴールデンタイムだったためNHKは大河ドラマ、民放各社も外せない番組があった。逮捕時もその後の記者会見も生放送できたのは、中海テレビ放送のみで、当時の最高視聴率を得た。女の子は無事に保護された。

地元住民の結婚式や飲み会を発信!? 斬新なパブリックアクセスチャンネル

イベントチャンネル（現在の121ch）は、地元の小中学校の運動会や講演会など、文字通り地域のイベントをシンプルに紹介するチャンネルだった。そこでも、「大山《だいせん》への登山道を歩きながら周りの風景を流したり、スキー場の上から下まで、カメラを股に挟んでスキーで滑り降りたりしたことも。当時のカメラは重たくて、腰が抜けるかと思いましたね（笑）」と、加藤社長は、部署に関係なく何にでも駆り出されたと、楽しそうに開局当時を振り返っている。ここでも生放送が重んじられ、トライアスロン大会の様子を10時間以上生中継したこともある。

パブリックアクセスチャンネルは、地元の人なら誰でも情報発信できるチャンネルだ。ホームビデオで撮影したテープを送ってもらい、映像をそのまま放送する。

「多くの人が見たいというよりは、撮影する側、出演している人のためのチャンネルということでしょうね(笑)。当事者が一番楽しい。その人にとっては一大事、かけがえのない放送です。家族や友人・知人、同好会の仲間などに情報を流す。今ではインターネットの普及で誰でも情報発信できるのが、当時は一市民が情報発信できる画期的なメディアでした。そんな機会を提供できたことは大いに意義があったと思います」（加藤社長）

ご夫婦の旅行や結婚式などの冠婚葬祭、多かったのが子どもの習い事の発表会だった。ある青年団体の討論会だというのでテープを受け取ったところ、ただの飲み会だったこともある。それらも全部放送した。

こう聞くと、パブリックアクセスチャンネルは面白おかしければそれでよいのか、という印象を受けるが、真面目に取り組まなければならない課題もあった。たとえば、持ち込まれる映像が政治的なもの宗教的なものだったらどうすべきか——。現実にある団体からの持ち込みがあったという。

開局前日まで社員総出で準備。ひとりで何役もこなす手づくりのケーブルテレビ局だ。

「〝表現の自由〟か、それとも……？　そういう議論になるのならと、たいていのケーブルテレビ局は面倒だと最初から避けてしまうのかもしれません。でも、ウチはそうしませんでした。政治や宗教に関連する話題のときは、必ずもう一方の主張を持つ方にも出ていただいて、両論併記的な構成にしました。それでも決着を見ない場合は、パブリックアクセスチャンネル番組協議会という第三者機関に、諮問して回答をいただく制度を作りました。それで公平性を保つようにしたんです。これらの日本初の取り組みも高橋（現副会長）の熱い想いが実現させました」（加藤社長）

実際に大きな問題となるケースはまだ起きていない。だが、これだけ考え方を整理しているからこそ、誰もが自由に表現を楽しめるのだろう。現在、中海テレビ放送を利用する世帯数は5万7000世帯に及び、地域の58％を占めている。

顧客重視の姿勢で、暮らしを支える通信サービスのニーズにも幅広く対応

通信事業も、開局当時から力を入れてきた分野だ。先進性と利用者の利便性を考えて、ケーブル網は地域の学区単位で整備した。一律にケーブル網を敷設すれば効率はよいが、独立したネットワークをいくつも作ったほうが混入する雑音を少なくできる。また、双方向通信が家庭単位で可能な設備を開局時から導入した。

それで可能になったのが、当時としては画期的なペイ・パー・ビュー（ユーザーが視聴した分だけ料金を払う）だ。視聴者の要求に応じて映画を観ることができる。また、コミュニティチャンネルのテレビショッピングでは、視聴者が観た商品をすぐに手元のリモコンで注文できた。選挙前には、番組で世論調査を行い、リモコンで回答してもらえばすぐに集計結果を出せた。いずれも双方向通信だからできる当時は最先端のシステムだった。

品質重視と利用者の利便性を第一に考える姿勢は、その後、同社がインターネットやプライマリ電話の普及活動、さらに現在のようにMVNO（移動体通信事業者）としてスマホやSI

Mを販売するようになってからも引き継がれている。合言葉は「大手通信事業者に負けるな！」である。

「毎日、スマホを持ったお客さまが、会社まで操作方法を聞きに来られます。何度いらしてもかまわない。とくにお年寄りの方には大好評です。ケーブルテレビのリモコン操作について質問があるときは、お宅まで出向いて丁寧に説明するようにしています。電話で長々と説明するより、すぐに出向こうというのが当社の方針。地域にしかできない、こういったサービスを誇りにしようと社員のみなさんにはいつも話しています」（加藤社長）

利用者優先の姿勢が高く評価されたのが、２０１０年の大晦日から元日にかけての大雪、山陰豪雪のときだ。鳥取県で積雪は珍しくないが、積もってもせいぜい20センチ程度。だがそのときは一夜で積雪80センチにもなり、しかも湿って重い雪だったため樹木や鉄塔が倒れたり、多くの住宅や生活インフラが被害に遭い、街は大混乱となった。

ちょうど年が替わるときだったため、ＮＨＫや大手民放各局は恒例の正月番組を流すしかなく、定期的に流れるニュースでは不十分だった。また、やはり年末年始だったために公的機関も通常のように機能しておらず、ホームページの情報には限界があった。ツイッターやブログからも情報は流されたが、役に立つ内容がある一方、不正確なものも多かった。

中海テレビ放送は特別編成を組み、市内の被害状況や交通情報、避難所の様子を伝え続けた。地域を走るＪＲやバスの運休や遅れの情報、復旧などの情報はもちろん、通常のゴミ収集は中

報道部では、企画、アポ取り、取材、編集、ナレーションまですべてひとりでこなす、ビデオジャーナリズムの手法を採り入れている。

止になり、幹線道路沿いのみで収集できるなど、細かな情報を正確に伝え続けた。

新聞すら配達できない非常事態のなか、生活の隅々にまで目を配りながら必要と思われる情報を流し続けたことは、一刻も早く普段の生活を取り戻したい人たちに安心感をもたらした。中海テレビ放送の対応は高く評価された。地元の放送機関としての使命を果たしたのだ。

積雪によりケーブルが切断され、情報から孤立してしまった世帯が多数あったため、通信事業者としても奔走した。

「インターネットばかりでなく、電話も使えなくなった世帯がありました。積雪で外出も難しいですから、お年寄りにとっては命に関わることにもなります。通信異常と思われる家には、一軒一軒電話をかけ、つながっていないところにはこちらから出向いて行きました」（加藤社長）

通信の設備工事を行う関連企業とともに地域を回った。家のすぐそばまで行って様子をうかがおうと、雪をかき分けて進んだこともある。幸いどの家でも大事には至らず、数日で完全復旧させた。大手通信事業者より迅速な対応ができたことは、社員とパートナー企業の志の高さであると自負している。

エネルギー事業進出、世界に向けた情報発信などで、地域の絆をさらに強める

開局以来約30年、放送と通信で地域に貢献してきた中海テレビ放送だが、ここ数年も大きく動いている。

2016年4月、電力小売完全自由化を機にスタートさせたのが電力小売事業だ。構想は10年前からあったが、2015年12月、米子市と中海テレビ放送など地元企業数社がローカルエナジー株式会社を立ち上げ、地元の電源により地元へ電力を供給する仕組みを実現した。

「エネルギーにかけている多額のお金が県外に流出しています。資金の流出を防ぎ、地元で循環させる仕組みを作る。そのような大きな理念のもとで立ち上げた事業です。スタート時点では地元電源が8割を占めました。米子市のゴミ焼却施設で発生する電力やソーラーなどの再生エネルギーによるものです」（加藤社長）

情報の〝地産地消〟と同様、ここでねらったのが電力の〝地産地消〟だ。

成長が見込めるエネルギー事業のノウハウを地元企業で蓄積できるようにし、地元に落ちるお金によって新たな雇用も生み出していく。Ｃｈｕｋａｉ電力の契約数は順調に推移していて、

テレビも中海！ 電気も中海！
Chukai電力
中海テレビ放送
地元の再生エネルギーを用いた電力供給により、地域経済を活性化させる、エネルギーの“地産地消”を目指す。

３年後の２０１９年春までに１万件を目標としている。
開局当初から力を入れてきた放送事業でも、意外な展開があった。韓国第３位のケーブルテレビ局Ｄ－Ｌｉｖｅ社、鳥取県、中海テレビ放送との事業提携が成立し、Ｄ－Ｌｉｖｅによる鳥取を紹介する共同制作番組が実現したのだ。現在、米子－ソウル間には週５便の国際定期航空便が運行されているが、その利用促進を図り、韓国との文化観光交流を推進させようというねらいだ。

２０１６年６月にはＤ－Ｌｉｖｅの取材班が鳥取にやって来て大山を中心にロケを敢行、30分の番組を２本制作した。翌年11月にも、大山に加え、水木しげるロードのある境港や鳥取砂丘を、韓国の人気女性アイドルグループＫＡＲＡのホ・ヨンジとともに取材した。

「Ｄ－Ｌｉｖｅはウチよりもはるかに大きなケーブルテレビ局ですが、そこがわれわれと一緒に県内を歩いて取材し、番組を作ってソウルで流します。その後、韓国全土でも放送されます」(加藤社長)

すでにその効果は現れており、他の県施策とも相まって低迷していた搭乗率も向上している。米子空港で韓国からの観光客に鳥取へ来た理由を尋ねると、「テレビで見たから」と答える人が増えてきたという。

「われわれは主に県西部で展開していますが、各自治体の協力もあって事業のエリアは広がっています。そこでしかない独自の地域情報を地元のみなさんで共有することで、地域の絆はより強まっていくはずです。使命である〝地域をつなぐ、未来へつなげる〟をこれからも社員の皆さんや地域の方々と共に実行していきたい」(加藤社長)

ケーブル網があれば、お年寄りの見守りサービスなど、高齢化する地域のサポートも可能だ。ケーブルテレビは、街づくりに欠かせない〝公共のインフラ〟という認識が着実に広まっている。

『挑戦しなければ企業はダメになる』というのが創業者である前社長の言葉。それに励まされて今日まで高いモチベーションを持った仲間(社員)に支えられてきました。挑戦すれば成長できる。仮に失敗しても成長できれば何度でも成功できます」(加藤社長)

求めている人材も「挑戦できる人」、そして、ここ米子をはじめ地域を愛せる人だ。誰よりも地域のことを思い、誰よりも地域のことを知り、誰よりも地域の役に立てる人。それが中海テレビ放送が求める人物像だ。

医療・介護・福祉

社会福祉法人 養和会

医療、介護、福祉の3分野で 地域の人たちの心と体の健康に真摯に向き合う

養和会の医療分野の中心となるのが米子市の養和病院。このほかにも介護、福祉分野の施設が充実している。

設立／開業1930年（医療法人化1951年）
事業内容／医療・介護・福祉
従業員数／650人（関連会社含む）
所在地／〒683-0841 鳥取県米子市上後藤3-5-1（医療法人養和会）
TEL ／0859-29-5351（医療法人養和会）

地域の人たちの健康をサポートする医療・介護・福祉を提供

鳥取県米子市の中心部からやや西寄り。閑静な住宅地のなかに建つ大きな病院が、医療法人養和会の養和病院である。主に米子市内で活動を続ける養和会だが、その領域は医療ばかりでなく、介護、福祉にわたっている。

医療の中心となるのがこの養和病院だ。精神科、神経内科、リハビリテーション科など8科が揃い、病床数は228床。そのうち精神科病床が168床、精神科の認知症病棟が58床と、精神科関連が充実する。なかでも充実しているのがリハビリテーション科だ。

介護分野では、養和病院に隣接する形で、介護老人保健施設仁風荘をはじめ、居宅介護、訪問看護などがそろう。少し離れたところでは小規模多機能ホームなどが、また、市の中心部ではシニアマンションが運営されている。

福祉分野では、障害者のためのショートステイの施設をはじめ、グループホーム、宿泊型自立訓練施設などを運営するほか、障害者のための就労支援や地域活動支援の相談窓口、また、社会復帰の訓練や支援を行う事業所を10カ所ほど備える。

これらの施設で働く人は関連会社も含めて総勢650人に及ぶ。医療、介護、福祉にわたって手厚い体制を整えているのを見て、「『ウチの年寄りも面倒を見てくれるんですよね』と、おっしゃる方がいらっしゃるんですが、それは誤解です」と語るのは、医療法人養和会の理事長・

医療法人養和会の理事長・廣江智氏。「入院し続けるのではなく、社会復帰が目標。そのためのサポートが当会の使命」

廣《ひろ》江《え》智《とも》氏だ。

「目指しているのは、あくまで回復して社会復帰すること。入院し続けることが望ましいこととは考えていません。治療して、退院して、地域のなかでいかに暮らしていけるか。そのサポートをしていくことが当会の使命だと考えています」（廣江理事長）

養和会が方針として掲げているのが「心と体の総合リハビリテーション」だ。地域に密着して活動を続けながら、医療のあり方を模索してきた結果、この方針に行き着いた。そこに至る経過を見ていくことにしよう。

80年前に決意したのは「地域の人たちに喜んでもらう」こと

米子脳病院が、鳥取県西伯郡住吉村（現在の米子市住吉地区）に設立されたのは、１９３０年のことだ。廣江理事長の祖父が開業した。現在の養和病院の前身である。

「名前の通り、精神科と神経科が専門でしたが、無医村だったこともあり、村の誰かがケガを

したり、子どもが熱を出したりしたときは、治療に当たっていました」（廣江理事長）

　1951年には医療法人養和会「財団医療法人養和会」となり、精神科の単科病院としての運営が続いた。公益性を重視して財団を選んだという。

「自分たちのためにがんばるのではなくて、地域の患者さんのために仕事をする、地域の人たちに喜んでもらう。そんな考え方を当時から持っていました」（廣江理事長）

「病院とは社会から必要とされるインフラである」。それが病院の位置づけだったそうだ。

　1956年には鳥取県指定精神病院に指定され、その後、1982年までに297床に増床。その間、給食棟の建設や、精神科作業療法施設の承認を受けるなど、設備面での充実を図ってきた。もっぱら精神科のみに集中していたわけだが、そこに新しい視点が加わったのが1990年前後のことだ。まず、1989年に、老人保健施設「仁風荘」を養和病院に併設させる形で開設した。

「それまで精神科で診ていたのは主に統合失調症の患者さんでした。全体の8割ほどを占めていたと思います。ところが昭和60年代から増えてきたのが、認知症

無医村の住吉村（当時）で開業した当時の米子脳病院。精神科、神経科が専門だが、地域の人たちのケガや病気などを診てきた。

の患者さんだったんです」（廣江理事長）

「仁風荘」は高齢者のリハビリテーションを目的にした中間施設だった。その名の通り、治療と在宅生活の間に位置する。以前から高齢者のための医療の領域は徐々に広げていたが、「仁風荘」開設をきっかけに養和会は介護分野へと大きく踏み出すことになった。

1992年には在宅介護支援センターを開設。家庭で介護に当たる家族の相談に乗りながらケアプランを作成し、要支援・要介護の認定申請を代行する。在宅で生活ができるようにしつつ、必要に応じて訪問や通所、短期入所などを提供する事業者を紹介する。患者さん本人ばかりでなく、介護に当たる家族を考えて作った施設だった。1993年には、高齢者のためのデイケアセンター「仁風荘」の承認も受けて発足させている。

治療だけをゴールとせず、退院後の社会復帰も見据えた体制づくり

高齢化は日本全国で進んでおり、高齢者を対象にした医療や介護の整備は全国の病院で図られていた。そんななか、とくに養和会が意識したのが「社会復帰」だった。

広く高齢者を受け入れ、その治療ばかりでなく、介護、そして、リハビリにしっかりと取り組んでいく。1994年に新設した内科もそのためのものだ。それまでは精神科だけだったため、一般の高齢者を受け入れるには限界があったが、内科の設立でそれが可能になった。内科

には療養病棟という形で60床を確保した。

翌1995年は、病院を建て替え、新設の病院での診察・治療が始まったが、その際に受けたのが療養型病床群の指定だ。長期療養者を対象に、病室や廊下を一般病院より広く取り、リハビリのための部屋や食堂、入浴施設も設けて、居住性と介護の質を上げた。

また、新しい病棟の開設により古い病棟が残されたが、それを精神科の患者さんのための社会復帰の施設に作り替えた。精神科で治療、入院し、退院して社会へ戻るとき、通常の生活を送ったり、地域で暮らすことができるように訓練する施設だ。

高齢者の介護、リハビリ、そして社会復帰を想定して、人員の充実も図った。そろえたのがコメディカルスタッフだ。

障がいを持つ人の相談に乗り助言や指導をしたりするソーシャルワーカー、とくに精神的な分野の助言・指導を行う精神保険福祉士を多く採用した。

リハビリのために運動療法などを行う理学療法士、身辺動作の訓練や環境整備を行う作業療法士、コミュニケーションの障がいを持つ人の相談に乗り、指導・訓練を行う言語療法士などだ。

現在、ソーシャルワーカーは50人ほど、理学療法士、作業療法士、言語療法士は合計70人を超える体制になっている。県内でもトップクラスの充実度だ。

「病院とは退院できるところでなければいけません。そのため患者さん一人ひとりが目標を持つことです。脳梗塞で倒れて片麻痺になった方でも、家でトイレに行くことができれば何とか生活することができるので、ベッドからトイレまで歩いて行けることが目標になります。認知症の方でしたら、ご家族のフォローで生活を送れるようになることが目標になるでしょう」（廣江理事長）

一人ひとりの患者さんが置かれている状態はすべて異なる。一人ひとりが適切な目標を持ち、それを達成するまで着実に支援していくための、手厚い人員体制だった。

社会復帰のための事業所を立ち上げ始めたのも、この頃だ。

社会復帰をサポートするソーシャルワーカーはじめ理学療法士、作業療法士、言語療法士など専門スタッフの充実度は県内トップクラスだ。

１９９９年に開設したのが通所授産施設の「あんず工房」と小規模作業所「あぷりこ」だ。

「あんず工房」ではパンや洋菓子作りを行う。作業を覚えてこなすだけでなく、自分で目標を設定したり、作業内容を選択したり、新製品のアイデアを考える。「あぷりこ」では調理の補助やサンドイッチを作る。

二つの施設は、２０１７年、日本財団の助成により「café&bakery APLICO」として再生した。患者さんたちはホール係として料理をテーブルに運んだり、コーヒーを淹れたり、レジの補助を行う。いずれも実際の仕事を通して地域社会とつながり、生活していくことを目指している。

２００９年には、食品トレイの製造を行ったり、畑で野菜作りなどの農作業をする「Ｆ＆Ｙ境港」も開設した。現在、これらの施設は、２００３年に設立された社会法人養和会（廣江仁理事長）が運営している。

その後も、養和会ではグループとして、医療・介護・福祉の各分野にわたって、病棟や施設を次々と開設。どのような人が来ても、疾患や症状に応じて、通院、入院、短期の利用、退院後のリハビリなどなど、あらゆる対応ができる体制を整えた。多くの選択肢から、その人に合った適切な社会復帰への道を見つけることができる。

職員のアイデアから生まれた地域医療の新しい形「メディカルフィットネスセンター」

活動が医療、介護、福祉と多岐にわたっていることは、働くスタッフにとっても幅広い経験を積むのに役立っている。現場のスタッフから多くの声が上がるようになり、それらを取り上げることで、思わぬアイデアが実現したこともある。メディカルフィットネスセンター「ＣＨＡＸ（チャックス）」がその一つだった。

トレーニング機器を備えたスポーツジムなのだが……、

「ただのジムではありません。理学療法士や健康運動指導士がいつもそばにいることが特徴で

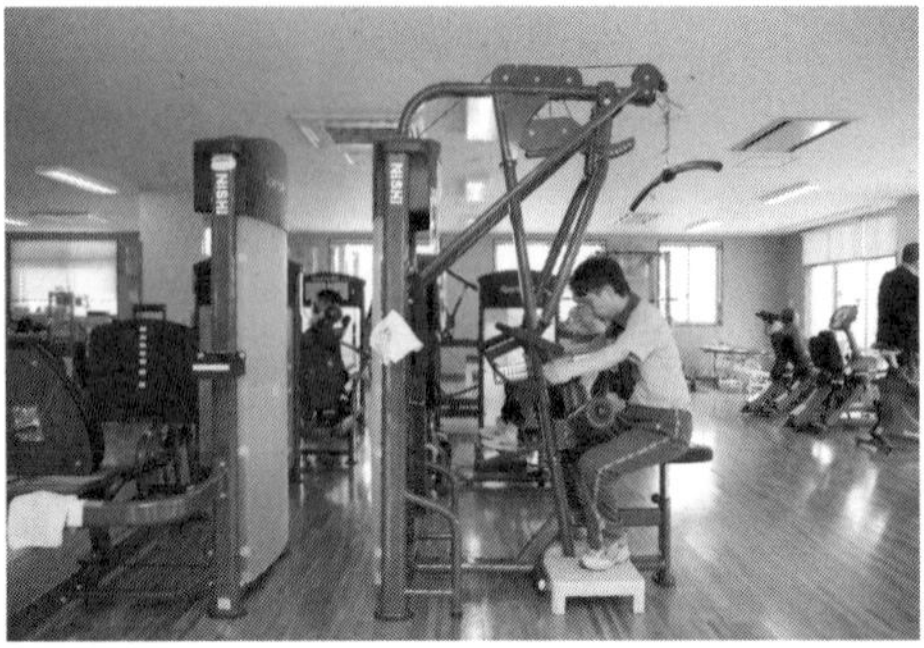

リハビリにもスポーツのトレーニングにも、老若男女誰でも使えるのがCHAX。スタッフの発想で生まれた新しい形のジムだ。

す。ですからたとえば脳梗塞から復帰したばかりとか、心臓に疾患があるという人でも、そのことをしっかり把握している経験豊富なスタッフが指導するので安心です。疾患の予防にも配慮できます」（廣江理事長）

「ＣＨＡＸ（チャックス）」の名前は、子ども（Children）、障害者（Handicapped）、高齢者（Aged）の頭文字を取り、交わる意味のＸを加えて作った。その名の通り、子どもから高齢者まで誰でも利用できる。車椅子の人にも利用できるハンドサイクルや、高齢者向けの体操プログラムはもちろん、膝痛や腰痛の予防のためなど、個々の希望に合わせたプログラムも実施されている。

もちろん健康な人でも利用できる。Ｊ３のサッカーチーム、ガイナーレ鳥取の選手がトレーニングで汗を流す横で、車椅子の人がハンドサイクルを回し、そのまた隣でおじいちゃん、おばあちゃんがエアサイクルを漕ぐ。初めて見ればハッとするが、老若男女、病気や障がいのあるなしに関わらず、誰もが自分のペースで自らの健康を追い求める。そんな理想的な光景が繰り広げられている。

養和会の職員に対する姿勢も、同会の方針をよく表しているので触れておく必要があるだろう。養和会のホームページを覗くと、たとえば２０１７年11月03日の「お知らせ」として、「第17回全国障害者スポーツ大会」が取り上げられている。２０１７年10月に愛媛県で開かれた障がい者国体で、養和会の職員の森卓也さんがジャベリックスローで大会新記録の金メダルを、内藤佳良子さんがスラロームで銀メダルを、角佳樹さんが同じくスラロームで第４位を獲得したという内容だ。記事とともに車椅子に座る３人の写真も掲載されている。

「森さんは２０１８年５月、北京で行われた『2017 World Para Athletics Beijing Grand Prix』でも、砲丸投げで金メダル、やり投げで銀メダルを獲得しました。かつて病気のため当病院で入院していた方です。退院後、ウチで働くことになり、スポーツも極めたいと3年ほど前から始めて、今では日本記録を出すほどになりました。すでに3種で日本記録を持っており、２０２０年の東京パラリンピック出場もねらっています」（廣江理事長）

病気になっても、入院し、治療し、回復して社会復帰する。

働きながらスポーツを推奨する。職員の森卓也さんはパラ陸上砲丸投げなど３種の日本記録保持者。軟式野球部は2017年西日本野球大会1部で優勝した。

森さんは、養和会が目指す一つの姿、というわけだ。ほかにも、車椅子ラグビーを続けている職員がいる。健常者のスポーツチームもある。養和会軟式野球部には、甲子園の経験者もいて、２０１６年、Ｂクラスの西日本野球大会１部で優勝、２０１７年はＡクラスに昇格した。このチームでプレーした初代キャプテンの松本直晃《なおあき》氏は、２０１５年のドラフトで埼玉西武ライオンズに入団し、投手として活躍している。

「医療・介護・福祉、どの分野の仕事であっても勉強することはたくさんあって大変ですが、職員にはスポーツを推奨するとともに、働きながら学校へ通い、資格を取ることを推奨しています。ほかの業界を経験した人も大歓迎で、事実、リハビリのスタッフの3分の1は転職組です。地域に貢献したいという人と一緒に、仕事を続けていければと考えています」（廣江理事長）

女性が働きやすいようにと、病院内に託児所も作った。自分が休みのときも利用できるので、子育てから解放されゆっくり休むことができる。お孫さんも預けられる。50代以上の職員も利用しているという。

地元の人にいつでも気軽に利用してもらえる存在でありたい

「これからはどんどん外へ出て、もっともっと地域のニーズを汲み取っていかなければならないでしょう」（廣江理事長）

すでに他機関との連携が始まっている。養和会の得意分野を生かして、ほかの病院から一時的に難病の患者さんに来てもらい、治療して長期の療養をしたり、リハビリを施す例が出てきている。訪問医療の担い手となる、地域のクリニックをサポートする方法も模索中だ。

外へ出るといってもエリアを広げるつもりはない。地元の人が家から歩いて通ったり、仕事帰りに気軽に立ち寄ったり、いつでもすぐに必要なときに利用してもらえる存在でありたい。

今後は2025年が一つの節目になるという。それを境に団塊世代がすべて後期高齢者である75歳以上に移行する。認知症の患者さんは目に見えて増え、介護は誰にとっても切実な問題になるだろう。現在も養和会の入院患者の平均年齢は70歳を超え、精神科にかかっているほとんどの人が認知症だそうだ。とくに高齢化が顕著な鳥取県では、これから養和会の役割がますます大きくなっていくことは間違いないだろう。

「かつて精神科の単科病院だった頃は、偏見に悩まされたこともあります。施設を建てる際、反対運動が起きたことも……。でも今は地域の多くの方が当会を信頼し、頼りにしてくれています」（廣江理事長）

地域の患者さんのために仕事をする、地域の人たちに喜んでもらう。80年前に開業したときの決意は、これからも変わることはない。

第4章

地元の暮らしを支え続ける鳥取の注目企業

株式会社 井木組

大山日ノ丸証券 株式会社

鳥取ガスグループ

美保テクノス 株式会社

土木・建築

株式会社 井木組

港湾、道路、建築など鳥取のインフラ建設で
ライフラインを支えつつ、
住宅、マンション建築、リフォームでも地域に貢献

井木組が4年がかりで造った大山三の沢砂防堰堤は全長304メートル、
中国地方最長を誇る。

創業／1912（大正元）年
事業内容／土木・建築、マンション・住宅建築、リフォームなど
資本金／9600万円
従業員数／119人
所在地／〒689-2501 鳥取県東伯郡琴浦町赤碕2000番地1
TEL ／0858-55-0811

4年がかりで完成させた、中国地方最長の大山三の沢砂防堰堤

日本海に沿って東西に伸びる鳥取県。東部・中部・西部と三地域に分かれるなか、中部地域を中心に、そのインフラづくりを長年先導してきた企業が井木組だ。

「2カ月かけて重機で地面を掘って基礎部分を造りましたが、それが雨ですべて埋まってしまったこともあります。自然が相手では何が起こるかわかりませんし、危険はつきものです」

最近の代表的な土木工事、大山《だいせん》の三の沢砂防堰堤《えんてい》についてこう語るのは井木組の代表取締役、井木敏晴氏だ。

中国地方で最高峰を誇る大山。富士山を思わせる美しい稜線《りょうせん》は県内のどこからでも目にすることができ、人々の心を和ませている。だが、大雨ともなれば山麓から大量の火山堆積物が流出し、下流に大きな被害をもたらす。

それを防ぐのが砂防堰堤だ。山の渓流に造ることで、上流からの土砂を受け止め、下流に流れ出る量を調整する。豪雨の際に生じる土石流の被害も弱める。なかでも、2011年春から工事の始まったこの三の沢砂防堰堤は、全長304メートルと中国地方最長のものだった。

工事が始まって半年後の2011年秋、図らずもその役割を改めて見直す出来事が起こった。台風12号により大山周辺には12時間にわたって大雨が降り続き、その下流の米子市では佐陀川《さだ》の堤防の一部が崩壊し、大山町では二つの橋が流出した。まだ工事中だった三の沢砂防堰堤で

も、基礎工事のために掘ったばかりの溝に大量の土石流が流れ込み、埋め尽くされてしまった。それまでの工事はやり直しになったが、もしこのまま土砂が流れていれば、下流での被害はさらに広がっていただろう。堰堤の役割を改めて浮き彫りにした出来事だった。

その後、4年の歳月をかけ、2015年12月、ついに三の沢砂防堰堤は完成。近くで見れば、あまりの長大さに息を呑む壁は、現地発生土砂を利用した砂防ソイルセメントによって造られた堤体だ。緑化によって自然に溶け込んだ堤体の薄緑色と、その中央、土砂や流木を堰き止め、水や泥のみを通す鋼製スリットの黒褐色のコントラストが風景に映える。

果たす役割の大きさと、その均整のとれたデザインが人を惹きつけるのだろう、訪れる見学者は多い。品質面でも評価され、国土交通省中国地方整備局長より、工事に当たった土木第一工事部の青木勇人さんが「優良工事施工団体優秀建設技術者」として表彰されている。

港湾、道路、建築など、鳥取県のインフラを100年以上担い続ける

井木組が創業したのは大正元年の1912年。今から100年以上も前に土木の請負業として出発した。大山を代表とする山岳関係での土木工事の歴史は長く、早くから堰堤工事をはじめ、資材運搬のための道路工事、林道工事などに携わってきた。2012年に同社が作った「創業100年記念誌」には、困難な状況のもと、いかに仕事を進めてきたのか、当時の様子が克

明につづられている。

まだ、設備や環境が整っていない時代、山の上で工事をするためには、道具や資材はすべて人力で運び込んだ。冬になれば雪が降り積もる。それをかき分けて工事現場に行くが、今度はコンクリート建造のための骨材（砂利や砂）が凍結している。薪《まき》を焚いてそれらを溶かしてコンクリートを練った。

当時はそのような作業をまったくの人手だけで進めた。やがてミキサーを導入しようとするが、山の中では電気が通っていない。中古の部品をかき集めて発電機を組み立てて……。

何が起こるかわからない自然を相手に何度も困難を乗り越えていく。期限にも追われ、予算にも追われながら、それだけに完成したときの喜びは格別だ。成し遂げた仕事の一つひとつが、社員たちの誇りとして胸に刻まれていく様子が文面から伝わってくる。

鳥取県が海に面していることから、同社は港湾関係の土木工事にも早くから取り組んできた。早くから自社で起重機船を2隻、台船を1隻建造して、本格的な港湾工事の体制を整えたこともあり、大山町の御崎漁港や湯梨浜町泊漁港、琴浦町の赤碕港など、県中部地区の主要な港の設備工事や防波堤などの工事に数多く携わった。台風による被害の復旧工事もあった。

道路工事も井木組にとっては主要な仕事だ。県道や国道の工事はもちろん、１９９０年代後半から２０００年代にかけては、鳥取県の沿岸部を東西に走り抜ける山陰自動車道路の工事に携わった。上に高速道路を走らせるための巨大な橋脚を造ったり、道路の舗装工事に関わった

井木敏晴社長。質実剛健の伝統を受け継ぎながら、新しい分野への挑戦を決意する。

り、多くの実績を積んだ。

道路、橋梁、港湾、空港など、あらゆる土木工事をこなしてきたが、いずれもその着実で丁寧な仕事が高く評価されてきた。冒頭で紹介した大山三の沢砂防堰堤のほかにも、旧建設省や国土交通省、鳥取県から優良工事として多くの表彰状や感謝状を得ている。2017年には、国土交通省の「工事成績優秀企業認定（ゴールドカード）」も受けた。

「秘訣ですか？　真面目に愚直に、と言うしかありません。でも、それは変わらないということではなく、むしろ、絶えず議論を重ね、やり方を変えてみたり、改良を加えたりしていく。品質の向上を目指してわずかな可能性を追求し続ける。その積み重ねでしょうね」（井木社長）

最新の設備や技術を備えることも大事だが、井木社長は、毎日の小さな積み重ねと、人を大切にする姿勢が重要だという。

「現場では、できる限りベテランの技術者と若い社員を組にして、経験を積ませる体制にしています。それが安定した品質につながっていると確信しています」（井木社長）

公共工事が活況のなか、住宅建築やリフォーム事業に進出し、地域に貢献

建築の仕事の歴史も長い。創業14年目の１９２６年に製材事業に乗り出し、その木材を用いて、琴浦町の智光寺の本堂や、付近の町村の学校の建設に携わったのが最初だ。戦後すぐには戦災者住宅を建築。その後も一般住宅、旅館、劇場、診療所や公民館、保育園などなど、主に公的な仕事に数多く携わってきた。

県民の生活を守る、向上させる。創業から１００年以上、４代にわたってその思いを受け継ぎつつ、困難な仕事であっても、着実に丁寧に挑み、高い品質に仕上げていく。「質実剛健」の社風を築いてきた。

土木・建築とも、現在も公共の仕事や法人の依頼よるものが主流だが、現在、社長を務める井木敏晴氏が90年代後半、専務に就任すると、新たな方針が加わることになった。マンションや住宅建築、さらにそれらのリフォームなどを手がけ始めたのだ。

「公共事業が減っていくことは明らかでした。そこで一つは住宅やマンション建築を本格化させること、もう一つは県中部エリアばかりでなく、より広域に目を向けることを方針に据えました。実際に始めてみると、マンションを持ったオーナーの方も入居者の方も、家を購入した方も、みなさんに喜んでいただける。地域へ大きく貢献する仕事だと、改めて実感しています」

琴浦町にある井木組の社屋。公共の工事・建設ばかりでなく、最近はマンションや住宅建設まで幅広く手がける。

（井木社長）

２００３年から始めたのがマンション建設だ。従来は依頼主が官公庁や法人が大半であったが、地元の個人顧客の比率が増えると、同じ建築でも仕事の内容はまったく変わった。

土地を持っている人を見つけ、それを活用するように持ちかける。といっても、地主は賃貸マンションを経営したことなどない。そこで、単身者向けのワンルーム主体にするのか、家族が住むことを前提にするのか。また、賃貸マンションが本当に利益を生むのか。土地の周辺のニーズを調査してマンションの仕様を提案したり、あらかじめ収支を計算したり……。仕様が最初から固まっている公共の仕事とはまったく違い、調査や企画、シミュレーションなどの新しい仕事が加わることになった。

ハードからソフトへの大転換が求められるなかでも、井木組は自らの得意分野を忘れなかった。長年培ってきたコンクリート建造の技術には自信がある。マンションが完成するたびに見学会を開き、とくに遮音性に優れていることを示した。

「本来は入居者のための見学会なのですが、土地を持っている方にも来ていただいて、大音響

を出しても隣の部屋には音が漏れないことを実際に体験してもらいます」(井木社長)

コンクリート建築だから可能になる品質だ。現在まで井木組が造ってきたマンションは、県内で40棟ほどにのぼっている。

2004年からは、戸建住宅の建築も始めた。こちらも民間の仕事を増やそうという意図だが、同じ民間人でも、マンションのように土地を持っている人ではなく、今度は、土地を持たない、これから家を建てたいという一般の人が相手になる。

モデルハウスを建て、そこへの見学を促して顧客との接点を作る。家を建てる確かな意思のある人を探し出し、相談に乗る体制をとる。家の間取りや設備など、顧客と顔を合わせながら綿密に具体化していく。

土地を探すところから始めるお客さまも多く、地域の不動産業者との連携は欠かせない。また、個人にとって資金の捻出は最大の関心事だ。銀行と連携してローンの計画も一緒に立てていく。

家主となる人とともに、家を建てるまでの一つひとつの過程をたどりながら、完成まで導いていく。これもまた、今まではなかったノウハウばかりで苦労は絶えなかったが、家が完成し、家主やその家族が喜ぶ顔を見ると、疲れも吹き飛んだ。地域の人たちに貢献しているという実感を持てるようになった。

女性社員の積極活用で顧客のニーズをとらえ、社内環境も大きく改善

「住宅関連の営業職に女性は適応しやすいですね。家庭で実権を握っているのは主婦（笑）。水回りにしても、家の中の動線にしても、女性だから共感してもらえる部分は多いと思います」（井木社長）

住宅関連事業に取り組むようになると、その存在が引き立つようになったのが女性社員だった。２００８年に新設したリフォーム部でも同様だ。需要は網戸の張り替えをはじめ小さなところにあり、それをきっかけに家一軒丸ごとリフォームになるなど大きな仕事に発展していく。ちょっとしたニーズを見逃さずに、顧客が納得する仕事に仕上げる。そこでも女性の視点が不可欠だった。

かつて女性は事務職と相場が決まっていたが、井木社長の時代になってからは、住宅、リフォームの営業をはじめ、それらの設計、積算、施工管理にも女性を活用し始めた。土木・建築の現場にも女性は進出している。冒頭の三の沢砂防堰堤の建設現場にも女性が登用されている。

女性が活躍できる環境づくりにも力を入れ、産休・育休の制度を充実させ、社員の配置も考慮した。現在、結婚や出産で退職する女性社員はいなくなったという。井木組は、鳥取県労働局からは子育てサポート企業の認定も受けている。

土木、建築の品質に定評のある井木組だが、それについても女性の視点で磨きをかける。２

010（平成22）年に発足したのが6S委員会だ。工事現場の改善を目指す社内横断的な組織である。

工場など製造業の現場で採り入れられてきたのが、整理、整頓、清掃、清潔、しつけの「5S」だが、井木組ではそれに習慣を加えた「6S」とし、工事現場やその事務所で掃除や整頓を徹底することにした。

現場が我流で取り組むのではなく、社内の基準を定め、それに従って進めていく。そこで社内の別の部署から現場へ出掛け、チェックするパトロール方式を採り入れた。

「当時、現場は汚くて当たり前、それで許されるという感覚でした。掃除は自分たちの仕事ではなく、（パトロールに出向いた）私たちがするんだろうと思っていた人もいたほどです」

こう語るのは、現在、月に一度、「6Sパトロール」に出向いている総務部次長の八嶋美佐緒さんだ。

パトロールは当初は現場事務所のみをチェックしていたが、現場からの要請もあり事務所周辺や資材、安全対策などのチェックも行うようになった。現在では、服装や挨拶なども項目に加え、それぞれ5段階で評価している。

最初はやり方がわからず、他社を視察して研究したそうだ。客観的にものを見られるようチェック項目については何度も話し合い、5段階評価の基準もしっかりと定義した。

現在のパトロールは16～17人のメンバーが4班に分かれ、毎月1回、担当する現場を訪問している。当日は写真も撮り、結果は社内のイントラネットで公表する。

地道に続けた効果は確実に現れ、以前に比べてどこの工事現場も見違えるようにきれいになった。美化が実現しただけでなく、安全や見える化も進んだ。

現場で工事に携わる社員やスタッフ自身が喜んでいるが、パトロールに出向く社員にとっても現場を知る貴重な機会になり、お互いの理解が深まった。「６Ｓパトロール」は、社内のコミュニケーションを促進する役割も果たしている。

総務部次長の八嶋美佐緒さん。住宅の営業や6Sパトロールなど、井木組では女性の活躍する場が増えてきた。

「質実剛健」の伝統に寄りかかることなく、新しいことへの挑戦をし続ける

「当社の歴史は長く、諸先輩の築いてきた伝統や思いを受け継ぎ、守っていくことは大事なことです。真面目に愚直に丁寧に仕事をしていく。それはこれからも続けていきます。一方で、変えられることは変えなければ進化することはできません。今、井木組に必要なことは『挑戦』

です。新しい分野への挑戦を続けていきます」（井木社長）

会社を成り立たせて、地元の雇用を創り出す。企業として基本的な役割を果たしつつ、そこに新風を吹き込んでいきたい――。

チャレンジ精神溢れる井木社長の行動力で、失敗を恐れることなく挑戦し続ける企業風土が醸成されつつある。パトロールの例からもわかるように、社員自ら調査したり、企画したりするシーンは増えてきた。井木社長の目指す未来像を実現するために、自ら考え、行動する社員は欠かせない存在だ。

忘れてはいけないのが「信頼」だ。土木・建築の現場で培ってきた丁寧に仕事をする姿勢を新しい分野でも発揮して、顧客との「信頼」関係を一つひとつ積み上げていく。

社員自らが考え動き、伝統・挑戦・信頼の要素を備えれば、顧客から真っ先に声を掛けてもらえる「ファーストコールカンパニー」になれる。そう井木社長は語っている。

民間での仕事が増えるにつれ、調査や企画のため、社内で話し合う場面が増えてきた。

金融

大山日ノ丸証券 株式会社

金融リテラシーの普及活動を通して
地元経済の活性化や鳥取県民の人生をサポート

鳥取市内の大山日ノ丸証券本社。投資家への迅速で正確な情報提供のため、早くから最新技術を取り入れ、顧客サービス向上に努めてきた。

設立／1957年

事業内容／株式売買注文の取次ぎ、社債の取扱い、投資信託、国債などの募集、資産運用アドバイス

資本金／2億1500万円

営業収益／12億4,400万円（2017年3月期）

従業員数／86人（2017年3月）

所在地／〒680-0841 鳥取県鳥取市吉方温泉3丁目101番地

TEL／0857-21-1111

山間部でキャラバンセミナーを開催、「貯蓄から投資へ」を訴える

「みなさんのお父さん、おじいさんが現役の頃、複利で7%あれば10年で（元金の）倍になりました。しかし、今の銀行の金利ではどうでしょうか？　0・03%ならば何年で倍になると思います？　……約2400年かかるんです」

JR鳥取駅から東へ1キロほど。青地に白色の看板の大山日ノ丸証券は、地元の個人投資家を対象に、株や債券、投資信託を扱ってきた山陰地方で唯一の地場証券だ。鳥取を代表する日ノ丸グループの一員で、社員は約90人、本店・支店合わせて5店舗を有する。

谷田貝憲一社長。「自ら人生を設計していくためにも金融の知識は不可欠」。今は地元の非上場企業を支える株主コミュニティ制度に力を入れる。

社長の谷田貝《やたがい》憲一氏が口にする例え話は、今、同社が力を入れているキャラバンセミナーで講師となる社員がよく用いる話の一つだ。

キャラバンセミナーとは、大山日ノ丸証券が毎年春秋の2回、本店・支店合わせて全5店の部店長が講師を務め周辺の山間部へ出向いて行うセミナーのことだ。ラクダに荷を積み砂漠を渡った隊商――キャラバ

金融リテラシー向上のために年2回開催しているのがキャラバンセミナー。山間部に出向いて株取引をはじめ年金、相続など身の回りの金融の課題をテーマにする。

ンにちなんで名付けた。各店それぞれ5～6カ所の会場を設けて行うが、１００人以上集まるときもあれば、数人の場合もある。だが、地道に続け、２０１７年は春秋合わせて延べ53会場に１４００人を超える聴衆が集まった。

テーマは、株式投資をはじめ、投資信託、ＮＩＳＡ口座の上手な活用法など、証券会社の本業に関わるものから相続対策などの身の回りの関心事、経済全般まで多岐にわたる。そのなかでも、同社が最近掲げているテーマが「貯蓄から投資へ」だ。

今の日本で誰もが不安に思っているのが、老後の暮らしだろう。だが、貯蓄ではお金は増やせない。年金についてもそうだ。冒頭の「２４００年」の話は、「貯蓄から投資へ」が最良の道だと展開するための導入だ。実際にこの話をすれば、会場にはどよめきが起こるという。

だが、谷田貝社長の主張はそれにとどまらない。

「今の日本に不足しているのが、人生設計や生き方を考えるための時間と教育でしょう。年金問題など、いろいろ問題は山積ですが、それよりももっと以前に、そもそも一人ひとりが自分の人生をどうしたいのか、『100年時代』を見据えた人生を考えるべきではないでしょうか」

自分の人生を自分で考えるためにも、お金の問題に向き合わなければならない。金融の知識は不可欠である。谷田貝社長はそう強調する。

現在は、投資信託をはじめ少額から株や債券の取引ができる仕組みが整い、以前のように、資産を持つ人や高額所得者だけが取引するものではなくなりつつある。また、「貯蓄から投資へ」は今や国をあげての政策だ。だが、かつては株を取引することを隠す人は少なくなかった。今でも日本ではあからさまに〝金儲け〟の話をすることは避けられがちだ。とくに、鳥取県では世帯収入が低く、株の取引には不利な土地柄ともいわれる。

そのようななかで、リスクをともなう株や債券の取引をいかに成り立たせてきたのか。大山日ノ丸証券の創業時には県内に地場の証券会社は7社あったが、現在は同社ただ1社だ。なぜ、1社だけ会社を存続させることができたのか。同社の歴史を振り返っていこう。

地元を自転車で回りながら、小口の顧客を開拓していったことが原点

大山日ノ丸証券の前身は、1957年、今井敏郎氏が設立した大山証券だ。

「父が出かけて行けば、いつの間にかみなさんが集まって来て、勧誘すれば断る人はいなかったと聞いています」

今井陸雄会長。地元の投資家を大切にする創業者の地域密着の方針を受け継ぎ、バブル崩壊、リーマンショックなどの危機を機敏な判断で乗り切ってきた。

現在の大山日ノ丸証券の会長・今井陸雄氏は当時、中学生だったが父親の仕事ぶりを記憶している。創業者の敏郎氏は、１９３７年の日中戦争と続く第二次大戦に従軍し、戦後は郷里の但馬（現在の兵庫県北部）に戻って村長を務めた。その後、母親の生家のある鳥取に来て興したのが大山証券だった。

だが、当時の鳥取県はというと、１９４３年の鳥取大地震により家屋の８割以上が全壊し、また、１９５２年には、鳥取大火により鳥取市の市街地のほとんどが焼き尽くされていた。また、戦後の混乱にともない資産を持っていた人はその多くを失っていた。証券会社にとっては大口の取引を望むことはできず、決してよい環境とはいえなかった。

加えて、敏郎氏は証券業界にいきなり飛び込んだまったくの素人でもあった。不利な条件には事欠かなかったが、それでも敏郎氏は、親戚のつてを頼ったり、軍隊時代の知り合いを訪ねたりしながら、自転車に乗って一軒一軒回り、顧客を開拓していった。

外回りに力を入れる一方、店に来る顧客にも気を配った。

「店にはいつも碁盤が置いてあり、父はお客さまと碁を打ちながら（株情報の）短波放送を聞いていました。また、母が昼に来店しているお客さまにあんパンやジャムパンを出すと、当時は珍しかったんでしょう、『あそこではパンを出すそうだ』という噂が立ったほどです。冬にはストーブに網をかけ、芋を焼いて食べている人もいました（笑）」（今井会長）

顧客と信頼関係を築き、くつろいだ雰囲気のなかで、株情報を伝えようとした。同社の地元密着の姿勢を表す光景の一つだろう。

現在の会長・今井陸雄氏が同社で働き始めたのは１９６６年、22歳のときだ。店頭で短波放送を聞いて情報を黒板に書き出す方法は従来通りだったが、それも電話の普及で変わりつつあった。顧客を呼び出すために隣の家に電話をかけたり、村で共同で使う農集電話にかけて連絡をとった。また、株取引のために大阪の取次ぎ証券会社に電話をするときは、交換手が出てくれないことが多く、いったん切れば再びかけるのに10分も15分もかかってしまうため、つなぎっぱなしにして株の売買を行ったという。

数少ない電話をみんなで分け合って使っていたのだが、そこに証券会社としてのビジネスも生まれていく。１９７０年代、電話を持ちたいと考える家庭は多かったが、当時は高額な電話債を購入する必要があった。そこで大山証券が始めたのが電話債の買い取りだ。ある集落で電話を引くことになったと聞くと、電電公社の説明会場近くに、自社の説明会場も設け、電話債券買い取りの説明をした。一般の人たちも負担なく電話を設置することができるようになった。

山間部にまで食い込んでいく姿勢は、創業者の今井敏郎氏によるものだが、ここでもそれが引き継がれている。陸雄氏が入社した頃は、会社で1台の自動車をみんなで乗り回していたが、やがて営業部員1人に1台の車が割り当てられるようになった。何かあればすぐに顧客のもとへ飛んでゆく。電話が普及しても、顧客とのやりとりは常に対面で行った。

日本は高度経済成長期に入り、身近なところで時代の流れを感じながら、これはという株を探し出した。扱うのが株ばかりでなく、債券類も加わると顧客の層は広がっていった。

「地域一帯が〝株好き〟という集落もありました。ある家でお茶をごちそうになっていると、集落のみなさんが集まりだして〝株式ミニ座談会〟になるんです。いいときに買った、いいときに売れた。お客さまに喜んでいただくのが一番のやりがいでした」（今井会長）

株を通して、誰もが自分たちの生活が向上していることを実感し、社会への期待を膨らませたのだろう。この頃から〝株式に強い大山証券〟というキャッチフレーズもでき、地元で長期にわたって信頼を得ることを大切にした。

業界が危機にさらされたバブル崩壊、山陰・山陽の大局を見て再編を先導

顧客へのサービス向上を強く意識して、最新技術をいち早く採用してきたことも同社の特徴だ。大山証券は山陰の同業者のなかでは最も早く、1976年に発注をオンライン化した。注文を取次ぐ和光証券（現みずほ証券）と専用回線を引き、端末でデータ交換できるようにした

のだ。その後もシステム化を進め、顧客が過去にどんな株を売買したのかがすぐにわかる顧客管理も実現した。

１９７７年、株価通報テレビを導入したことも、山陰地方の証券会社では初めてのことだった。ラジオの短波放送では最低でも30分以上かかるため、取引時に価格が変動していることがあった。株価通報テレビを使えば正確な情報で取引ができた。

「当然、お客さまは（他社ではなく）こちらを向きます。また、当社はもともとこちらから出向いて対面でお話しすることを早くから方針としていましたから、（システム化により）効率よく大勢の方のところに回れるようになりました」（今井会長）

効率を求めつつも、顧客と対面で向き合う姿勢は崩さなかった。口コミで評判は広がっていったという。

１９８４年になるとテレフォンサービスもいち早く始めた。顧客はいつでも自分の持つ銘柄の株価を知りたいが、株価通報テレビは店でしか見ることができない。そこで顧客が保有する銘柄を選び出し2分30秒ほどの音声に編集し、電話をすればいつでも聞くことができるようにした。深夜まで利用者が多くあり、お客さまはもちろんのこと電電公社（現ＮＴＴ）からも大変喜ばれたという。

この間、日本の高度経済成長は１９７０年代のオイルショックで阻まれるものの、１９８０年代、再び盛り返していく。が、１９８９年末、それまで急上昇していた株価は下降に転じ、

社員は約90人。年3回全社員による研修会が開かれ、ファイナンシャルプランナーなどの資格取得が推奨されるなど、社員教育が充実する。

暴落し始める。バブルの崩壊である。証券会社に真っ先に影響が及んだ。

今井陸雄氏が社長に就任したのは1994年、業界は大混乱のさなかだったが、以前から状況を読み取り、準備を進めていた。

「人口の少ない鳥取県に当時地場証券が3社もありました。すでに赤字のところも出ていて、将来を考えれば合併が最善の策、一緒にやるべきだと考えました。それによって役員の数、重複店舗の解消などもでき、また営業効率がよくなると顧客にもっと丁寧に接することができますから」（今井会長）

大山証券と日ノ丸証券が合併したのは1997年10月のことだ。2社の名前を残して大山日ノ丸証券とした。翌月に旧日ノ丸証券の親会社であった三洋証券が倒産。もし決断が遅れていたら大山証券と日ノ丸証券との合併はならず、存続さえ危ぶまれたかもしれない。ちなみに同じ年には山一證券も廃業している。

この合併によって、コストの大きいシステムも一本化した。注文取次システムは、当時、新光証券（現みずほ証券）にお世話になったが、現在は日本電子計算のシステムで、取次は証券ジャパンにお願いしている。

以後も鳥取での業界再編は大山日ノ丸証券が中心となって進んでいく。2009年、同社はカドヤ証券と合併。2013年には北田証券から事業譲渡を受けた。北田証券は岡山県倉敷市に本社を構えるが、その経緯について今井会長は次のように語っている。

「雪のない山陽側への進出は念願でした。人口減少が明らかな鳥取だけではビジネスに限界があり、経済圏の大きな山陽に店を出したいとずっと考えていました。以前から北田証券さんとは一緒にということはときどき話していたのですが、業績がよくなると話題にもならなかったのですが……。そのタイミングはリーマンショックからの低迷相場が続いていた2012年6月におとずれました」（今井会長）

株主コミュニティ制度をいち早く導入、投資家と地元企業をより強固につなぐ

地元、とくに山間部へ足繁く通う体制を整え、対面で顧客との信頼関係を築いてきたこと。県内はもちろん山陰・山陽の大局を見ながら、機を逃さず俊敏に判断を下してきたこと。大山日ノ丸証券が鳥取でただ一つの地場証券になれたのは、このような理由によることがわかる。

株が電子化した現在、株の取引は顧客と顔を合わせなくとも可能になった。だが、同社の姿勢は変わらない。そのような時代だからこそ顧客と直に顔を合わせて、顧客の求めていること

を知り、それに応えていきたいという。

２０１７年、大山日ノ丸証券は創業60周年を迎えた。記念事業として6月には地元紙「日本海新聞」に協賛し、鳥取市内のとりぎん文化会館で三遊亭円楽師匠の独演会を開催。顧客への感謝の気持ちと、株や債券取引とはなじみのない人にも落語で笑ってもらい、少しでも証券投資に興味を持ってもらうための催しだったが、約90人の社員も研修目的で参加。落語は日本文化を学ぶ入り口として最適で、噺《はなし》の構成や展開、笑わせる語り口を学べば対人関係にも役立つ。

2017年6月開催の創業60周年記念事業では、三遊亭円楽師匠（写真中央和服）が独演会を開催。平井伸治鳥取県知事（向かって左隣）も招待した。

10月には同会館で、日本証券業協会とタイアップ。証券投資の日イベントとして、棋士であり個人投資家としてテレビなどで人気の桐谷広人《ひろと》氏を招いてトークショーを開催。単に利益を得るだけではなく、応援したくなる会社を見つけながら株取引を続ける体験を語ってもらうことで、多くの人に株取引の魅力を知ってもらいたかった。投資をより身近なものにしようという試みは続いている。

今、大山日ノ丸証券が全国に先駆けて進めようとしているのが株主コミュニティ制度だ。日本証券業協会の中国地区協会長に就任した今井会長が、２０１７年６月に中国財務局が開いた

〝地域の成長マネー供給促進フォーラム〟に出席し、関心を持ったことがきっかけで検討を始めた。証券会社が非上場株式の銘柄ごとに株主コミュニティを組成し、投資を進めていく。地域の中小企業にとっては、信用金庫や銀行からの間接金融に加え、直接の資金調達が可能になる。全国的に取り組む証券会社がまだ少ないなか、大山日ノ丸証券はいち早く始めることにした。

「地域密着、地域貢献が実現することはもちろんですが、我が社には創業時から個人投資家の方と密接につながりを作ってきた伝統と歴史があります」

谷田貝社長は、大山日ノ丸証券にはずっと以前から〝株主コミュニティ〟の原点があったと強調する。地元の人たちが、地元の企業のことを知り、ファンとなって株を取得して応援する。個人としても金融の知識を身に付け、自分の人生を自分で切り開いていく。大山日ノ丸証券が、創業以来60年間、目指してきた地域密着、地域貢献の一つの形ができあがりつつある。

そして今、そのための人材も求めている。

「まず、いろいろなことに興味を持つ好奇心旺盛な人。また、個人投資家の方とあらゆる話題でお話しができる人。そして、人間力がある人。会社がすべてというのではさびしいですよね。自分で人生を作っていく人こそ社会人として成功していくと思います。その上でコツコツと仕事を積み上げていく。そうすることで突然、目の前が開けていくはずです」

谷田貝社長は、「『貯蓄から投資へ』という国家戦略を担う矜持《きょうじ》を持って仕事をしようではないか」と訴えている。

エネルギー

鳥取ガスグループ

エネルギー、サービスの地産地消で
地域経済の活性化を。
創立100周年を迎え、原点回帰と新たな挑戦

鳥取ガス本社工場。鳥取市内では350キロメートルに及ぶパイプラインネットワークで都市ガスを供給している。

設立／1918年

事業内容／都市ガス、ＬＰガス、高圧ガス、電力、通信ほか

所在地／〒680-0932　鳥取県鳥取市五反田町６番地

TEL ／0857-28-8811

エネルギーの安定供給で鳥取市の暮らしを支える

ＪＲ鳥取駅から山陰本線に沿って北西方向へ約3キロ。鳥取市内の五反田町には多くの大型工場や倉庫、店舗などが集まるが、なかでもひと際目立つのが、薄緑色の巨大なタンク群だ。球形のものもあれば円筒形のものも……。いずれも見上げるほどの大きさ。鳥取ガスの本社工場だ。同社は１９１８年に創業して以来、１００年にもわたって地域にガスを送り続けてきた。その中枢となってきたのがこの本社工場だ。

鳥取ガスグループは、鳥取市内に張り巡らせた延べ３５０キロメートルに及ぶパイプラインネットワークで都市ガスを供給。山陰地方のそれ以外のエリアではＬＰガスを販売している。供給先としては一般家庭向けが9割を占めるが、店舗、飲食店、事務所などの業務用施設や工場などに向けて、ボイラー、厨房機器、空調機器、コジェネレーションなどで使用するガスを供給する。ほかにも、ガス顧客には病院等の医療機関、大学や県庁・市役所、介護施設など公的な機関も多い。

これらガスを安定的に供給するため、主原料であるＬＮＧ（液化天然ガス）を兵庫県の姫路市、岡山県倉敷市の水島といった複数のエリアの輸入基地から、タンクローリーで鳥取市内の本社工場まで運んでいる。

近年はガスのみならず電力小売事業や発電事業、インターネットサービスの提供、家庭の水

鳥取ガスグループ代表・児嶋太一氏。「『総合エネルギー事業者』として、地域のみなさまの暮らしになくてはならない企業であり続けたい」

回りのトラブル解決、宅配水事業など、生活の隅々にまで目を配るサービスを展開している。

そのほかにも、複数の企業や自治体とともに未来の水素社会を体験できる学習施設を建設するなど、新たなエネルギーへの取り組みも行っている鳥取ガスグループ。いかにここまで至ったのか。創業の経過を知る必要がある。

市民運動から生まれた異色の企業

「鳥取ガスは、1918年、全国でもまれな市民運動により誕生した会社です」

と、鳥取ガスグループの創業を語るのは、代表の児嶋太一氏だ。

創業者は、幕末の1857年、城下町だった鳥取の商家に生まれた児嶋幸吉氏である。18歳のときに酒造りに着手したのを手始めに、山陰で初めて蒸気機関を導入した鳥取精穀会社や、鳥取汽船会社を創業するなど、生まれついての事業家で、ほかにも倉庫、製氷、木材など数多くの事業を興した。エネルギーに本格的に関わるようになったのは60歳になってからのことだ。

１９１７年、鳥取市内を流れる千代川の上流、八頭郡智頭町の水利権は、鳥取の電力会社が持っていたが、それを他県の水力発電会社に譲渡することがわかると、児嶋幸吉氏は地元で発電すべきと主張し運動を起こした。電力事業を市で行おうという「電気市営運動」だ。

児嶋幸吉氏と電力との出会いは30代前半の頃。

１８９０年、市会議員だった児嶋幸吉氏は、東京で行われた博覧会で東京電燈が出品する電灯を見て衝撃を受け、さっそく鳥取の町なかに１０００個の白熱電灯を灯す構想を立てた。翌１８９１年に、我が国初の水力発電所が京都の蹴上《けあげ》に建設、京都市内に市電が走り始めると、いても立ってもいられなくなり、京都に出かけて鳥取出身の技術者から電気の知識を集めたという。

１８９４年、岡山にも発電所ができると、鳥取での電力会社設立を本気で計画した。計画は日清戦争により中断せざるを得なかったが、電力は児嶋幸吉氏にとって是が非でも取り組まなければならない事業だった。

60歳になって起こした「電気市営運動」は、鳥取市営の電力会社によって広く市民と地域に電力を開放し、同時に発電で得られる６０００キロワットの電力によって全国から工場を集め、鳥取を工業都市化する、というもの。地域の振興を考えた構想に多くの人が賛同し、市議会でも承認を得られたが、水利権を持つ鳥取の会社が市への売却要請に応じず対立。政府の支

鳥取市内でガスの導管設置工事を行う鳥取ガス社員。都市ガスのほか、ＬＰガスも扱い、山陰地域のエネルギー供給に貢献してきた。

持も得られず、結局、１９１９年、幕を閉じることになった。

だが、その経過からガス会社が生まれることになった。電力会社が市営を望む顧客の送電を止めることをほのめかし、その対抗策として鳥取で別のエネルギー会社としてガス会社を新設する案が浮上、鳥取ガスが誕生したのだ。

他県の資本の会社に任せるのではなく、地元でガス会社を設立して運営する。立ち上がった鳥取ガスは、市民運動の精神を色濃く反映することになった。目指したのは「地域に根ざしたエネルギーを供給する、市民のための市民の会社」。創業の精神は現代にまで引き継がれている。

鳥取大震災と鳥取大火の大きな痛手も乗り越えて

１９１８年、設立したばかりの鳥取ガスは、原料の石炭高騰などで苦しめられたが、鳥取市内の利用者を伸ばすことができ、その後の石炭価格下落も手伝って、設立から10年ほどで経営を安定させることができた。

その後、二つの世界大戦は辛うじて乗り越えたものの、1943年の鳥取大震災と1952年の鳥取大火という二つの災害により、鳥取ガスは大きな痛手を受けた。

鳥取大震災では導管の50％が破壊され、ガス供給を全面停止しなければならず、テント張りの倉庫に資材を集めて復旧を図った。

鳥取大火では利用者の家の55％が焼失し、鳥取ガス本社と工場も全焼した。会社存続が危ぶまれる事態だったが、従来の4倍に当たる増資を敢行、タンクや導管などの設備投資を矢継ぎ早に行い、2年で業績も顧客数も回復させた。

1953年になると、通産省（当時）より「都市ガス施設拡充五カ年計画」が出され、国をあげての都市ガス推進により、鳥取ガスは発展を遂げていく。

1960年代には鳥取大学・湖山地区へブタンエアーガスの供給を開始するなど、一般家庭以外にも供給先を広げる。1970年代には現在の鳥取市五反田町に新本社工場を建設し、LPG300トンの貯蔵タンクを建設。1999年には150キロリットルの貯蔵タンク5基ほかからなる「LNGサテライト基地」を建設、鳥取の生活に欠かせないエネルギー事業者となっていく。

都市ガスの原料はナフサからブタン、さらに天然ガスへと、高カロリーでCO_2排出が少ないものへと切り替え、より使いやすく環境負荷の少ないエネルギー供給を実現してきた。

100年越しで実現した、地域による地域のための電力事業

ガス事業を軸に地域に貢献してきた鳥取ガスだが、2015年、もう一つのエネルギー事業に参入することになった。2016年春からの電力小売全面自由化を控えた2015年8月、鳥取市1割、鳥取ガス9割の出資で、「株式会社とっとり市民電力」を設立した。

「全国的にも例が少ない、自治体とガス会社で作った官民一体の地域電力会社です。地域でエネルギーを創り、地域で消費する。地域に根ざした小売電気事業者として、〝エネルギーの地産地消〟を実現していきます」

設立の趣旨を児嶋代表はこう語っている。

とっとり市民電力の主な電力源は、太陽光発電とバイオマス発電の二つの自然エネルギーだ。太陽光発電は、2016年10月、鳥取ガスが鳥取市内で開始した2メガワットの東郷太陽光発電所と、鳥取市が持つ青谷町いかり原太陽光発電所など。バイオマス発電所は、2017年11月、鳥取ガスが鳥取市内の秋里下水処理場で発生するメタンガスを利用して発電を開始したもの。さらなる電源の調達先として、地域の公共施設やアパートの屋上に設置された太陽光発電や、小水力発電所など、地元での電源開発を進めている。

とっとり市民電力は、鳥取市内の小中学校や給食センターなど約80施設に電力供給を開始。一般家庭については鳥取ガスグループが取次として電力販売している。

自由化になっても、新規参入者と既存の電力会社との競争が起こらず、住民が恩恵にあずかれない地域は少なくない。とくに中国地方は「無風地帯」といわれている。だが、そのなかでも競争に挑む会社として、とっとり市民電力の評価は高い。

児嶋代表は、「自由化に備え海外視察を繰り返しましたが、なかでも強く印象を受けたのがドイツのシュタットベルケでした。電気・ガスといったエネルギーから、生活インフラの整備・運営まで担うシュタットベルケの鳥取版を実現していきたいと考えています」と語っている。

シュタットベルケとは、ドイツ国内各地で電気・ガス、水道をはじめ、ごみ収集や公共交通などを担う地域の小規模事業体のことだ。19世紀に生まれ、現在、ドイツ国

とっとり市民電力のもう一つの主要電源がバイオマス発電。鳥取市内の秋里下水処理場では、発生するメタンガスで発電をしている。

とっとり市民電力の主なエネルギー源の一つが太陽光発電。東郷太陽光発電所は2メガワットの発電能力を誇る。

内に1000以上あるといわれる。地域経済や地元の雇用に深く貢献する、まさに〝市民のための市民の組織〟だ。

鳥取ガスの創業者・児嶋幸吉氏が100年前に抱いた構想を実現したい。

未来の水素社会を体験できる「鳥取すいそ学びうむ」

「自然エネルギーを活用した分散型発電を目指していますが、発電した電気を蓄えていつでも取り出せるようにできれば、その普及はいっそう進むでしょう。そこで注目したのが水素です。電気を水素の形で蓄えればロスなく大量に貯蔵することができます。水素社会の実現を目標に地元行政と協調して、積極的に取り組んでまいります」(児嶋代表)

ガスとともに電力も扱うようになった鳥取ガスが今、強く意識するのが地域全体のエネルギー政策だ。自然エネルギーをより効率的に用いるためには、社会全体の政策的な枠組みが必要になる。県や市とともに目指しているのが水素社会だ。

水を電気分解させて生まれる水素を貯蔵しておけば、逆の化学反応でロスなく電気を取り出せる。この燃料電池システムをはじめ、水素をエネルギーの媒介として用いる仕組みを社会全体に浸透させられれば、環境を壊さない暮らしが実現する。

鳥取ガスは水素社会の基本的なモデルとして、2017年1月、水素エネルギーの教育拠点

「鳥取すいそ学びうむ（とっとり水素学習館）」を、鳥取県と積水ハウス（大阪）、本田技研工業（東京）とともに立ち上げた。

鳥取ガスグループ敷地内に、スマート水素ステーション（ＳＨＳ）と、太陽光パネルを設置し、太陽光で発電した電力から水素を製造して、それで燃料電池自動車（ＦＣＶ）を動かす。敷地内の積水ハウス展示場をスマートハウス化し、「ＦＣＶ」や屋根に設置された「太陽光パネル」、ガスから取り出した水素で電気を作る家庭用燃料電池「エ・ネファーム」から住宅へ電力供給を行うなど、環境に優しく快適なスマートな暮らしを体験できる。

また、施設内では、水素社会を学べる映像を観ることができ、自分で自転車を動かして水素を作り、その水素で作った電力でドローンを飛ばす体験もできる。子どもから大人まで楽しめる、これだけの設備が揃った拠点は全国でも初めてのことだ。

「未来の水素社会を身近に体験できます。子どもたちも含めて、多くの方に未来の暮らしを感じていただければと思います」（児嶋代表）

鳥取県は２０１６年を「水素元年」と位置付け、Ｓ

2017年オープンの「鳥取すいそ学びうむ」では、燃料電池利用の自動車やモデルハウスで未来の水素社会を体験できる。

ＨＳやＦＣＶの普及にも具体的な目標を持って進めている。地域全体で進める水素社会の第一歩がこの「鳥取すいそ学びうむ」だ。

地域経済を循環させ、地域を豊かにするサービスを追求

「中央の一極集中で地方のお金が大都市圏に流出することを防がなければなりません。エネルギーも同様です。エネルギーの地産地消で地域経済を循環させ、雇用を創出し、地域を豊かにしていく。当社グループは１００周年を機にコーポレートブランドを刷新し、『総合エネルギー事業者』として次の１００年に向けて、一からスタートしたいと考えています」（児嶋代表）

現在の鳥取ガスグループは、電力、都市ガス、ＬＰガス、高圧ガス、灯油、太陽光など、エネルギー全般を取り扱い、それに加えて総合生活サービスとして、住宅関連、生活補助、高齢者サービスなど、あらゆるサービスをラインナップする。暮らしにより密着したサービスとして宅配水やリフォームなどの生活関連サービスを増やし、顧客との接点をより強いものにしていきたい。

２０１５年1月から会員サービスを開始した。ガスやインターネットなど鳥取ガスグループのサービスの利用に応じてポイントが付与されるサービスだ。貯めたポイントは、イオンとの提携によるＷＡＯＮポイントほか、ドコモやＫＤＤＩ、楽天のポイントに交換でき、お客さま

のライフスタイルに合わせて自由な形で使うことができる。

また、2016年7月から始めたのが、光ファイバーによる通信サービスだ。ガスの利用と合わせればインターネットを安く利用できる。回線は大手通信事業者のものを利用するが、契約時の顧客サポートは地元の専門業者に委託して、地元の経済が潤うように配慮した。

「高齢化や人口減少などで地域経済に活力がなくなる中、地域住民、行政、企業の3者が幸せになれるよう、新たな事業に挑戦しています。これからも地域のみなさまの期待を上回る商品やサービスをお届けし、みなさまの暮らしになくてはならない企業であり続けたいと思います」と、児嶋代表は今後の決意を語っている。

土木・建築

美保テクノス 株式会社

ICTを駆使して進める全社的改革で
事業も人材も刺激し合い、
さらなるレベルアップを目指す

米子市内の美保テクノス本社。鳥取県西部地区を中心に土木・建築でインフラの整備を担い、現在は創業以来の大幅な業務改善に挑んでいる。

創業／1958年

事業内容／土木・建築工事の施工、測量、企画、調査設計、監理、コンサルタントほか

資本金／1億円

従業員数／161人（2017年3月1日）

所在地／〒683-0037 鳥取県米子市昭和町25

TEL ／0859-33-9211（代）

画期的な重機を導入して地元のための土木・建築工事を推進、知名度・信頼度を高める

米子市に本社を置く美保テクノス。西部・中部・東部と三地域に分かれる鳥取県のなかで、西部地域を中心に、土木・建築によって社会的なインフラづくりに取り組んできた。美保の名前は、米子空港の別名である美保飛行場に由来する。

戦後、美保飛行場には米軍が駐留したが、その引き揚げの際、基地で働いていた人々の雇用対策として、国は、駐留軍が保有していた建設機械を民間に払い下げ、機械のリース会社と土木工事会社を作る方針とした。1958年、仁宮次夫氏（初代社長）が設立したのが「美保土木機械企業組合」だ。

同じ年、美保関町のレーダー基地でも「島根ブルドーザー工事企業組合」が設立され、2年後の1960年に両社は合併。ほかにはない重機を保有していることが大きな強みだった。だが、現実には10年ほど苦しい時代を送ったという。

「当時の日本の土木はもっぱら人力の時代。重機は非常に珍しがられましたが、もともと軍用でアメリカ製の中古。現場で壊れても、部品が手に入らず、修理も慣れなくて稼働率は悪かったようです」

会社設立当時の模様をこう語るのは、現在の美保テクノスの社長・野津一成氏だ。美保土木機械企業組合は、その後、舗装会社を買収するなどして、重機施工・土木施工・舗装工事の三

つを業務の中心に置いていく。

10年の間には何回も倒産の危機もあったという。

だが、それをくぐり抜けながら1969年、同社は大きなチャンスをつかむ。西伯町（現・南部町）で、5万坪規模の団地が建設されることになり、町の要請でその造成と販売を行うことになったからだ。

「（田中角栄内閣の）日本列島改造論の時代でした。これで危機を脱しました」（野津社長）

山陰地方では初めてスクレープドーザを購入して、大規模な土木工事に導入した。これは、掘削や積込、運搬、敷均《しきならし》（土砂を均等に押し固めること）が一台でできる、当時としては画期的な重機だった。掘削に優れたモータースクレイパーも導入するなど、重機を保有する強みをいかんなく発揮した。

団地造成の成功を弾みに、会社では別会社の美保開発企業株式会社を設立したり、社内では建築部と港湾部を新設したりするなど、同社は大きく動いていく。日本は、高度経済成長の時代に入り、同社には公的な建築の要請や、鳥取県は海に面していることから港湾での土木工事の仕事が多く入るようになった。

美保テクノスにとって初めてのトンネル工事となったのが大山山麓の大内トンネル。このときに蓄積した技術とノウハウによって、同社はのちに多くのトンネル工事をこなしていく。

1972年には、会社で初めてのトンネル工事にも挑戦した。大山《だいせん》山麓にはすでにトンネルがあったが、小さかったために車一台が通るのがやっとだった。地元の住民から、2車線へ拡幅することが切望されていた。

それに応えた形だったが、いざ着手してみると、せっかく用意した設備類が役に立たないなどトラブルが続出。初めての試みに四苦八苦しながら取り組んだ模様が、同社の50周年史、『夢・まち・人づくり』には詳細に記されている。

「手を出したら潰れる」と言われたのが明地峠の改修工事。1976年、美保テクノスはこの難工事を7年がかりでやり遂げ、知名度と信頼度を大きく向上させた。

それでも一つひとつの作業を手探りで進めながら、大内トンネルは2年がかりで完成。利便性は大幅に向上し、現在も当時の姿のままで利用されている。試行錯誤のなか、換気装置やコンクリートの打ち方など、それまでにはない技術とノウハウを蓄えることができた。

後世に語り継がれる難工事と称されているのが、鳥取県と岡山県の県境、国道180号線の明地《あけち》峠の工事だ。あまりの難しさで別の会社が投げ出した仕事で、「この事業に手を出したら潰れる」ともささやかれたが、完成を心待ちにする市町村や地域住民のために要請を受けて１９６９年に着手。雨が降るたびに地滑りや泥水に悩まされながらも、工夫を凝らしつつ工事を続け、７年がかりで無事に完成。難工事をやり遂げたことで同社の知名度と信頼度は大きく向上した。

厳しい経営環境のなか、分社化や異業種への進出などで新しい道を切り拓く

「昭和50年代から大きく飛躍できたのは、県内の仕事だけではなく、道路公団や下水道事業団、本四架橋公団など、いわゆる国の仕事を山陰地方で初めて担うことができるようになったからです」（野津社長）

１９７６年にはサンイン技術士センター株式会社（現・サンイン技術コンサルタント株式会社）を設立し、建設コンサルタントへ進出。この頃より国や公団の工事の受注が始まった。道路公団では、中国自動車道の中国縦貫道や米子道、山陽自動車道の道路工事に携わり、下水道事業団の事業としては、５年がかりで皆生《かいけ》の下水道処理施設を完成させた。

野津氏が社長に就任したのは１９８３年のことだ。国や公団から仕事が入るようになり、経営は順調に見えたが、じつはそうではなかったという。

「たしかに、当時は受注高が県下でトップでしたが、逆に負債も多くありました。利子も払えないありさまで雪だるま式に債務は膨らんでいました。そこからが当社の本当のスタートでし

た」

本業が順調にもかかわらず、１９７０年代のオイルショックにより、不動産部門が大きな打撃を受けていたのだ。

野津社長がこの対策として打ち出したのが、新しい団地の造成だった。虫食い状態だった土地をすべて買収して８０００坪の土地を造成すると、当時のバブル景気の勢いもあって土地はすぐに完売した。不良資産を減らすことができたが、これだけでは足りなかった。

野津一成社長。「地域社会の要請に応えた良心的な仕事で信用を築いてきました。信用こそが財産。官から民へと時代が大きく動くなか、チャレンジを続けます」

次に打った手が会社の分社化だった。「鳥取県は日本一小さな県であり、人口も日本一少ない県です。県の業者育成の方針もあって、受注できる公共事業は、県をいくつかのブロックに分けた一つの範囲にとどまっていました」（野津社長）

この方針であれば、一つの会社が受注を独り占めすることなく、小さな企業でも生き残っていけるが、より成長を目指したい美保テクノスにとっては障壁となってしまう。県ばかりでなく国からの仕事も受けてはいたが、公共事業そのものが減少していくのは明らかだった。

ほかに道を見つけなければ――。建設業や土木業のなかでもニッチの部分。あるいはまったくの異業種ならばチャンスを見出される。１９８０年代後半から２０００年前後にかけて、野津社長が行ったのが、いくつもの会社を設立したり、買収するなどしてグループ化することだった。

現在、建設関連では、重機・建材チャーター会社のティー・エム・エス、土木運営専門会社のミテックなど全部で5社。異業種としては、建設資材製造のニチラス、ITのスペック、介護サービスのメディカ・サポートなど6社。美保テクノスを含め計12社によるグループが形成されている。

グループ全体で従業員は約６００人、売上は合計で１３０〜１４０億にのぼる。

「土木の仕事は、かつて45億から50億にのぼりましたが、今では20億円。半分以下になっています。県内の建設業の会員を見ると、かつては５２０社ありましたが今は２６０社。これもちょうど半分です。いかに経営環境が厳しくなっているかがわかると思います」（野津社長）

それ以後も公共事業は減る一方だった。介護をはじめほかの分野に進出し、そこへ人材を投入するなどして、早め早めに手を打ったことが功を奏した。多くの同業者が消えていったなかで、美保テクノスは異業種への進出によって生き残ることができた。

野津社長にとっては、それが何よりうれしいことだという。だが、厳しさはまだまだ増している。現在、美保テクノスで進んでいるのが、本業である土木・建築の分野での大幅な改革である。

ＩＣＴで全社的な「見える化」、生産性向上と利益率アップを図る

「ＩＣＴと生産性向上の活動。この２つを両輪として、経営を変える。それが今、当社が進めていることです」

美保テクノスでは２０１６年から２０１８年の３カ年の中期計画が進行中だ。それを先頭で推進してきたのが中西寛紀《ひろのり》専務だ。

「これからの時代、経済状況は、外部環境・内部環境、あらゆることに影響を受けながら大きく変動してきます。どのような荒波が来ようとも、素早く対応していく。どのような環境のなかでも、技術革新をし、設備投資をしていく。迅速に対応し、先を見た戦略を練る。それを可能にする体制を作らなければなりません」（中西専務）

中西専務は大手メーカーに長く勤め、常務として製造や経営の責任者を務めた経験を持つ。製造業は日々同じものを作りながら、そのなかで高い品質と効率性を追求してきた。その点、土木・建築業は「一品料理」に近い。そこへ製造業のノウハウと経験を注ぎ込むことで、生産性を大幅に上げようという意図だ。

すでに組織の大幅な変革に着手し、２０１６年には七つあった部を四つのＳＢＵ（strategic

business unit：戦略事業単位）に集約した。土木部、建築部、ランドサポート事業部、そしてハウジング事業部だ。ランドサポートとは道路の舗装や地盤改良、ハウジングとは住宅建設を指す。

それぞれについて客観的に分析し、それに応じた戦略課題を抽出、実施していく。そこで駆使するのがＩＣＴ（情報通信技術）である。

社内改革の中でも主要な部分を占めるのがICTの活用。カメラやIoTを用いて工事現場の進捗状況を本部で把握し、的確な支持を出すこともその一つだ。

土木・建築分野でのＩＣＴの活用はすでに広く始まっている。たとえば、建物の完成した姿を３Ｄ画像で見せる手法はお馴染みのものだろう。ＶＲ（バーチャル・リアリティ）やＡＲ（拡張現実）を用いて、あたかも建物の中に入ったり、これから完成する道路を走ったりする視界を得ることも可能だ。

「建設業、土木業というのは、現場に出た途端、地盤が違っていた、条件が変わったなどといって設計変更が始まります。設計図面を施工図面に落とし込むだけで延べ数カ月かかることもあります。ＩＣＴを駆使すれば、それを大幅に縮めることができるでしょう」（中西専務）

３Ｄモデルを関係者の間で共有化することで、業務全体の効率化・高度化を実現することができる。国をあげて推進している分野だが、それを美保テクノスでも本格的に進めていく。

現場の「見える化」もＩＣＴの活用で推し進めている。土木や建築の現場で、カメラをはじめ、センサー類を各種取り付け、ＩｏＴ（Internet of Things）の技術によって情報を中央に集める。現場の進捗度合をリアルタイムで把握することで、建設資材の発注や現場への調達がタイミングよく行うことができる。見積り書・請求書、その他の伝票類もすべて電子化する。ＥＤＩ（電子データ交換）により、取引先とのやり取りもリアルタイムでの把握が可能になる。

会社のどの部署がどのような仕事をしているのか。現在、いくら売上が上がっているのか、利益が上がっているのか、コストはいくらかかっているのか。本社でそれらをすべて把握できるようになる。

リアルタイムで会社が置かれている状況がわかれば、次に何が必要なのか、迅速に手を打つことができる。こうして全社的な生産性の向上を図ることが可能になる。

現在、社内では、ＩＣＴ推進をはじめ、原価削減、改善運動などテーマ別の社内横断的な10のプロジェクトが進行している。２０１８年度からは土木や建築の現場と経営の中枢を一つにつなげるシステム――ＭＩＸ（Miho innovative construction system）が稼働する。

中西寛紀専務。「これからの課題はICTの活用と生産性向上の活動を両輪として回していくこと。それができればどんな荒波にも対処できます」

「よいテーマは人を育てる」——社員も事業もスキルアップする組織風土を目指す

創業以来の大改革を、社内ではどう受け止めているのだろうか。ショックを受けた社員も多いのではないのか。

「いえいえ、そんなことはありません。むしろ、若い社員は『待ってました』という反応です。みなさん自ら考え、行動することを始めています。よいテーマは人を育てます。これらの活動を通して、個々の社員はスキルアップし、人材育成が実現していくでしょう」（中西専務）

事業も人も刺激し合ってレベルアップしていく。そんな新しい組織風土を醸成したいと中西専務は語っている。現実に、社員の間から「こんなことをやりたい」という声が聞こえてくるようになり、それが何よりもうれしいと言う。

美保テクノスで求められているのは、自分でものを考え、自律性を持った人材だ。環境の変化に即座に対応し、自分でリスクを取って道を選ぶ。また、そのためにものごとを敏感に感じたり、考えたり、問題を発見できる能力を持つ。

問題解決のためには、ほかの人と円滑にコミュニケーションできる「人間力」も必要になる。そして、いったんやり始めたら、徹底してやり抜く力を持つ。そんな人材だ。

「私はかつて数万人規模の製造業の会社にいましたが、そのくらいになると全社のすべてをリアルタイムで一元化して把握することはとても無理です。しかし、当社の規模なら可能です。

スーパーゼネコンさんや大手のゼネコンさんにはかえってできないところでしょう。われわれだからできる。地方の美保テクノスの規模だから、どこもやっていないイノベーティブな仕事をすることができるんです」（中西専務）

中期計画の初年度、２０１６年度ではすでに利益率の向上が見られた。計画はまだ半ばだ。これからさらに改革の成果が期待できるだろう。

喜八プロジェクト

自然も人柄も生活も
すべてが豊かで
やりがいのある仕事も充実。
みんな鳥取に
帰ってこいよ！

現在、米子市のNPO法人喜八プロジェクトが進めているのが「地元に帰ろう　帰ってこいよ！キャンペーン」。地元の人は、鳥取には「何もない」と言うけれど、実際には豊かな自然もおいしい食べ物も何でもある。もちろん、やりがいのある仕事も。東京も米子も両方の生活を熟知する喜八プロジェクト理事長が語る鳥取の魅力とは？

「ダラズ・クリエイト・ボックス」には、ダラズミュージアム、「DARAZ FM 79.8MHz」の公開スタジオなどがある。

岡本喜八監督の自在な「ダラズ」スピリットを受け継ぎ、鳥取で町おこしを

——本書では鳥取の有望かつ個性的な企業を多数紹介してきました。NPO法人喜八プロジェクトの「地元に帰ろう　帰ってこいよ！　キャンペーン」の一貫として取材してきたわけですが、そもそもこのNPO法人喜八プロジェクトと、「帰ってこいよ！　キャンペーン」とはどのようなものなのでしょうか？

松村　２００６年、米子の街を面白くしたいと考えていた米子高専建築学科の学生と、商店街の岡本喜八監督の生家で靴屋を営む若手経営者が出会ったことがきっかけでした。米子で生まれ育った岡本監督の映画には、その奔放な気質——「ダラズ」精神が溢れています。

「ダラズ」とは、もともと山陰地方の方言で「馬鹿」とか「阿呆」という意味なのですが、私たちは肯定的に「何でも真っ先に飛びついて、突拍子もないことをしてしまう憎めない人」とか、「既成概念にとらわれない、クリエイティブな人」として使ってきました。

その卓越した発想力と行動力で、街をもう一度、元気にできないだろうかと、２００７年に立ち上がったのがNPO法人喜八プロジェクトでした。米子市内のクリエーターなど約30人が発起人となりました。自由な創造活動を応援することで、第二、第三の喜八を生むことを目指しています。

——「ダラズ」の言葉通り、思い切ったというか、斬新というか（笑）、目を引く活動を繰り

広げてきましたね？

松村　そうなんですよ。NPO設立の2007年にはさっそく「KIHACHI祭りin米子」を開催しました。市内のいくつかの場所で岡本監督の映画を上映したり、シンポジウムやアートイベントを開催するという内容なのですが、みなさんの度肝を抜いたのが、第2回、3回で開いた「DARAZトライアスロン大会」でしょう。台車に腹ばいになったり、三輪車に乗ったりしながら、商店街の中を競争する競技で、大の大人が真剣に競い合う姿に、観覧者はいつしか胸がいっぱいになり、泣き出す人もいたほどです。ちょっと言い過ぎですけど（笑）。

とにかく、夢中になれる企画と山ほど「DARAZ」なことに挑戦したのですが、もっと情報発信をとの思いから2010年に立ち上げたのが、コミュニティFM放送局の「DARAZ F

松村宏　NPO法人喜八プロジェクト理事長。鳥取県米子市出身。筑波大学芸術専門学群卒業後、朝日新聞東京本社で報道デザインを担当。その後、独立して週刊誌でマンガを連載。2010年、母親の介護で単身帰郷。7カ月半の在宅介護の末自宅で看取る。座禅瞑想中に、だらず様の啓示を受けて紙芝居活動を開始。現在はその上演で米子と東京を往復する。

M79・8MHz」でした。大都市発の情報ではなく、徹底して地元・米子市の生活で求められている情報を発信していこう。そんな方針のもとで作った放送局です。

インターネット放送（リッスンラジオ http://listenradio.jp/ など）なら全国どこでも聴けます。鳥取に興味のある方、ぜひ、聴いてみてください。毎週月・水には「喜八だましいリターンズ『帰っていいとも！』」も放送しています。※1

2009年には「ダラズ・クリエイト・ボックス」も立ち上げました。商店街の一角の石造りの旧銀行を改装したもので、私がデザインしたキャラクター「だらず様」や岡本喜八監督の映画のポスターを集めたダラズミュージアム、「DARAZ FM79・8MHz」の公開スタジオなどがあり、誰もが気軽に立ち寄れて楽しんでいただけるスペースです。

「KIHACHI祭り in 米子」で人気だったのが台車や三輪車で競争する「DARAZトライアスロン大会」。

「ダラズ」精神を象徴するキャラクターが「だらず様」。決めつけを戒め、感謝の心で、ミラクルが起きると説く。松村理事長がデザインした。

※1　地元に帰ろう 帰ってこいよ！キャンペーン広報番組「喜八だましいリターンズ『帰っていいとも！』」
毎週月曜日14：00~14：30、19：00~19：30、水曜日9：00~9：30
地上波　DARAZ FM 79.8MHz（鳥取県西部、島根県東部）
インターネット放送　リッスンラジオ http://listenradio.jp/
HPアーカイブ　喜八プロジェクト http://www.daraz.org/

そしてさらに喜八プロジェクト立ち上げ10年を記念して、２０１６年に開始したのが「地元に帰ろう帰ってこいよ！キャンペーン」でした。

じつは知らないだけ!? 優れた企業が数多く活躍している鳥取

松村　最近、鳥取県には県外からの移住者は増えているのですが、相変わらず出ていく人が多いのも事実です。とくに、大学進学で東京や大阪などの大都市圏へ出て、そのままそちらで就職してしまう人は数多くいます。

鳥取にもやりがいのある仕事はたくさんある。「帰ってこいよ！キャンペーン」は、それを伝えるために始めたもので、本書はまさにそのために企画したものです。学生さんにはもちろん、その親御さんにもぜひ読んでいただきたいと考えています。

というのは、「鳥取にはいい企業がないから、東京や大阪で仕事を見つけろ」、そうお子さんに言う親御さんが相変わらず多いからです。

そんなことはありません。本書を読んでいただければわかりますが、県内には非常に個性豊かで、実際に高い収益を上げている優良企業がたくさんあるのです。

――知らないだけなのに、地元に「いい会社はない」と思い込んでいる方は多いということですね。

松村　その通りです。仕事についてだけではありません。「鳥取には何もない」。地元ではそうおっしゃる方は多くいらっしゃるのですが、それは控えめ過ぎるというものでしょう。

私は東京で30年間働き、２０１０年にこちらに戻ってきたUターン組なのですが、戻ってきたとき、親戚の家でごちそうになった岩牡蠣のおいしさに驚きました。カキといえば冬に食べるものと思い込んでいたのですが、それは夏に食べる夏輝《なつき》というカキで、ひと口食べただけで、「うわー！」と叫びたくなるほどでした。ミネラルをたっぷり含んだ大山の雪解け水が海に流れ込み、それが栄養になって天然のカキがすくすく育つんですね。こんな逸品が地元にあったんだと、つくづくふるさとの偉大さを知った思いでした。

「DARAZ FM 79.8MHz」で「喜八だましいリターンズ『帰っていいとも！』」を放送。左奥が松村氏、右中には米子市の伊木隆司市長の姿も。

食べ物はそれだけではありません。ジューシーで柔らかい大山鶏は全国的に知られている鶏の銘柄ですし、やはり大山の麓には、最高ランクのＡ５の牛肉を育てている牧場があります。実際に何度か足を運んで食べたことがあるのですが、肉と脂分のバランスが絶妙で舌がとろけるかと思うほどでした。全国的に有名な松葉ガニは今さら言うまでもありませんが、ほかにも猛《も》者《さ》エビは甘エビより甘い絶品ですし、野菜だっておいしいんです。

時間にも気持ちにも余裕が持てて、子育てには抜群の環境。日本一暮らしやすい環境で充実した仕事を

——食べ物のおいしさは誰もが認めるところです。健康にいいし何より幸せな気持ちになれます。

松村　まだまだ鳥取の魅力はあります。自然環境は抜群です。四季が豊かで、それを体験したいと、わざわざ海外からやって来る観光客が年々増えているほどです。夜になると星が本当にきれいです。県をあげて〝星取県〟としてＰＲしているほどです。

個人的には、日本海や中海にかかる雲が作り出す風景に魅せられることがよくあります。古くから出雲と呼ばれている通り、山陰はいろいろな雲がわいて出てくるんです。そしてその合間から太陽の光が差し込み海にまで達する「天使のはしご」がかかると、その神々しい風景には見とれるばかりです。ぜひみなさんにも見ていただきたいと思います。

鳥取のなかでも米子はずっと以前から交通の要衝《ようしょう》で、たくさんの人が行き交い、商業をはじめ産業が発達してきました。オープンで先進的なことが好きな米子人の「ＤＡＲＡＺ」気質は、きっとそのようなところから形作られてきたのだと思います。

誰でも受け入れ、「逃げた米子で花が咲く」という謡《うたい》もあるほどです。たとえ、ほかの地域でうまくいかなくても、米子に来れば成功できる。そんな意味です。

何かに挑戦してみたい。そういう大志を抱いている人ならば、県内出身者に限らず、この土地で暮らしてじっくり取り組んでみてはどうでしょうか。きっと周りの人も応援してくれると思いますよ。

もう東京一極集中は限界にきていると思います。毎日毎日電車で片道1時間も2時間も揺られて通勤してみんなくたたです。そこまでして住める家といえば高くて狭い。鳥取なら広い家に住めて、通勤時間はせいぜい数十分、歩いて通っている人もいるほどです。時間にも気持ちにも余裕が持てるだけでなく、自然豊かな環境なので、子育てにもおすすめです。実際に米子市は、２０１５年の経済産業省の調査で「暮らしやすさ日本一」と評価されています。実際に来て、海に行ってもいいし、大山の麓に立ってもいい。一度、鳥取をたっぷりと味わってみてください。「ＤＡＲＡＺ ＦＭ 79・８ＭＨz」も聴いてみてください。米子の街とそこに住む人の魅力をたっぷりと伝えています。

かつては誰もが大都会を目指した時期がありました。しかし、もうそのような価値観に縛られている時代ではありません。Ｕターンはもちろん、Ｊターンも I ターンもみんな歓迎です。ここ鳥取で人生をかけてみませんか？

おわりに

鳥取県出身の学生が県外に進学し、Uターンして地元に帰ってくる割合は3割程度だそうです。地域で子どもを育て都会に次々と送り出していく仕組みです。持続可能（サスティナブル）な地域社会という観点から矛盾に満ちた現実であり、鳥取県の人口減少はますます進んでいくことが予想されます。

そのような現実を少しでも変えようと、NPO法人喜八プロジェクトが始めたプロジェクトが「地元に帰ろう　帰ってこいよ！キャンペーン」です。

私は、米子市を中心に経営者を育成する仕事をしており、鳥取県や島根県の企業をクライアントに持っております。それら企業の人事担当者からよく聞くのが「人手が足りない」「いい人材がいない」ということです。

一方で、私も2人の娘を持つ親ですが、周りにいるお母さんたちから「鳥取は何にもないところ！」「鳥取には働くところがない！」とよく聞きます。たぶん家庭でも子どもたちにそのようなことを話しているのではないかと思います。

親、とくに母親の言動は、子どもが進路を決める際に大きな影響力を持っています。

母親が「地元には働くところがないから帰ってこなくていいよ！」と言えば、子どもたちは「帰ってこなくていいんだ！」と思ってしまいます。

しかし、本心から帰ってきてほしくないと思っている親がどのぐらいいるのでしょうか。「帰ってこなくていいよ！」から「帰ってきてもいいよ！」「地元にもいろいろな仕事があるよ！」と言っていただくことによって、子どもたちの視野が広がります。決してすべての若者に「地元に帰ってこい！」ということではありません。都会で暮らす現実と地元で暮らす現実をしっかりと知った上で、子どもたちに生活の場を選んでもらいたいのです。そのためには、子どもたちもさることながら、保護者や周りの大人たちにも意識を変えていただく必要があるのです。

このたび、地域を支える企業を紹介するというダイヤモンド社さまの企画が、まさにわれわれが進めている「帰ってこいよ！キャンペーン」に通ずるところがあり、連動企画として本書の出版が決まりました。

今回の取材で平井鳥取県知事にお会いした際に、「小さいからできること」「小さいから勝てる」と言われたことが大変印象に残りました。まさに発想の転換です。既成概念を疑うところから始めることが大切だということです。

「スタバはないけど、スナバはある」――全国的にも知名度の高い鳥取砂丘をイメージした知事ご自慢のダジャレですが、「ない」ものを探すのではなく、「ある」ものを評価する発想です。平井知事は、パラダイムシフトという言葉を使われますが、われわれも「田舎にはなくて都会にあるもの」ではなく、「都会になくて田舎にあるもの」に光を当てるべきなのではないでしょうか。

本書を読んでいただいた学生のみなさま、保護者のみなさま、地域のみなさまに、地域に誇りを持って「ない」ものではなく「ある」ものに目を向けていただくことができれば幸いです。

最後になりましたが、本書を出版するに当たり、ダイヤモンド社今給黎健一局次長、平井知事をはじめとする鳥取県の各部局のみなさま、鳥取県商工会連合会米田裕子専務理事、鳥取県信用保証協会林昭男会長、鳥取県産業振興機構中山孝一理事長ほか、さまざまな方にご協力いただきましたことを、この場をお借りして御礼申し上げます。

2018年7月

遠藤　彰
〔えんどう・あきら〕

株式会社BEANS代表取締役。鳥取県米子市出身。1988年明治大学商学部卒業。1996年中小企業診断士経済産業省登録。地元金融機関に22年間勤務、支店長を経て2010年独立してコンサルティング会社coaching office BEANS創業。2011年人財育成会社　株式会社BEANSを設立し、代表取締役に就任。P.F.ドラッカー教授の「経営管理手法」とコーチングを融合させた「対話型人財育成」により企業の組織づくりのサポートをしている。2013年より、次世代経営者育成のための異業種交流型勉強会『豆塾』を主宰し、300人以上の経営管理者を地域に輩出している。また、金融機関時代から関わっている喜八プロジェクトやDARAZ FMなどの地域活性化プロジェクトのコーディネートを続けている。

鳥取大学医学部 非常勤講師
一般社団法人鳥取県中小企業診断士協会 理事
特定非営利活動法人喜八プロジェクト 理事
株式会社DARAZコミュニティ放送 取締役 経営企画室長

鳥取の注目15社
―“強小パワー”で鳥取の未来を切り開く!

2018年8月1日　第1刷発行

著者　遠藤　彰
発行所　ダイヤモンド社
〒150-8409　東京都渋谷区神宮前6-12-17
http://www.diamond.co.jp/
電話/03-5778-7235(編集)　03-5778-7240(販売)
装丁&本文デザイン　有限会社北路社
写真　佐藤元一(p.14、p.19)
制作進行　ダイヤモンド・グラフィック社
印刷　信毎書籍印刷(本文)・慶昌堂印刷(カバー)
製本　川島製本所
編集担当　今給黎健一

ISBN　978-4-478-10609-9